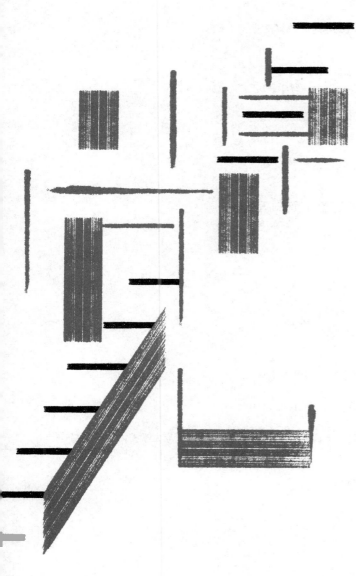

大夏书系·教师专业发展

曾军良 著

给教师的成长建议

自『觉』成就卓越

华东师范大学出版社

ECNUP

全国百佳图书出版单位

·上海·

图书在版编目（CIP）数据

给教师的成长建议：自"觉"成就卓越／曾军良著．—上海：
华东师范大学出版社，2021
ISBN 978-7-5760-1603-1

Ⅰ.①给…　Ⅱ.①曾…　Ⅲ.①课堂教学—教学研究　Ⅳ.① G424.21

中国版本图书馆 CIP 数据核字（2021）第 065116 号

大夏书系·教师专业发展

给教师的成长建议：自"觉"成就卓越

著　　者　曾军良
责任编辑　卢风保
责任校对　杨　坤
封面设计　奇文云海·设计顾问

出版发行　华东师范大学出版社
社　　址　上海市中山北路 3663 号　　　邮编　200062
网　　址　www.ecnupress.com.cn
电　　话　021-60821666　　行政传真　021-62572105
客服电话　021-62865537
邮购电话　021-62869887　　地址　上海市中山北路 3663 号华东师范大学校内先锋路口
网　　店　http://hdsdcbs.tmall.com/

印　刷　者　北京季蜂印刷有限公司
开　　本　700×1000　16 开
插　　页　1
印　　张　14
字　　数　208 千字
版　　次　2021 年 6 月第一版
印　　次　2024 年 3 月第四次
印　　数　13 101 - 14 100
书　　号　ISBN 978-7-5760-1603-1
定　　价　49.80 元

出 版 人　王　焰

（如发现本版图书有印订质量问题，请寄回本社市场部调换或电话 021-62865537 联系）

目录

> 教师的幸福来自于激情的教育与教学工作；教师的幸福来自于学生的幸福成长与健康发展；教师的幸福来自于教师的专业成长与人格力量；教师的幸福来自于教师的教育研究与实战能力；教师的幸福来自于和谐的学校生活与家庭文化。

第二辑 觉知教育常识与坚守

> 教育的质量，不只是分数，而是全面成长，是身心脑的和谐发展，是学习性质量、发展性质量和生命性质量的整体提升，教育是为了让师生过上幸福而完整的教育生活。

第三辑　觉知自身的成长潜力

> 不断追求更高的自我定位，从根本上说，是为了自身不断地进步。树立更高的目标，担负起更多的使命，培育工作的激情，释放工作的能量，在平凡中努力实现自我超越，你将成为一个更加优秀的人。

第四辑　觉知学生的成长密码

> 教育者必须读懂每一个学生，关注每一个学生的全面成长，为他们的终身发展培育必备品格与关键能力。懂学生，才懂教育，才可能给孩子提供最适合的教育。给孩子最好的教育，成就孩子最好的人生。

教师要有点教育激情

教师这个职业与一般的社会职业有很大的不同，他（她）面对的是一群生动活泼正在成长中的儿童。教师要引导他们学习，影响他们的心灵，把他们培养成才。而每个儿童有如世界上的树叶，没有一个完全相同。因此，教师首先要了解自己的职业特点，要有仁爱之心，用爱灌浇儿童的心灵，用人格魅力、知识魅力影响儿童的人格。

许多学者都认为，教师要有点教育激情。因为教育既是一门科学，又是一门艺术。科学讲究规律，要懂得儿童发展的规律、教育教学的规律，有章有法地进行教育。艺术讲究创造，创造新的作品要有激情。面对生动活泼的儿童，看到他们充沛的活力、渴求知识的热情，做教师的自然而然地就会激情涌现，运用你的知识和智慧去引领你的学生健康成长。

教育激情是一种积极的工作态度，也是一种崇高的境界，更是教师幸福之源。"昨夜西风凋碧树，独上高楼，望尽天涯路。""衣带渐宽终不悔，为伊消得人憔悴。""众里寻他千百度，蓦然回首，那人却在灯火阑珊处。"我想，教师的成长也需要经过这三个境界。

北京实验学校校长曾军良是一位有教育激情的校长，他对教育的热爱到了痴迷的程度。每次来见我，总是滔滔不绝地讲他的教育故事。他出生在湖南农村，从农村教育到城市教育，从一般教师到校长，在长达 36 年的教育工作中，始终充满教育的激情。他真切地感悟到："收获最多的还是做教师的快乐和幸福"。《给教师的成长建议：自"觉"成就卓越》一书，就是曾军良校长教育激情与幸福人生的总结和升华。

我认识曾军良校长是在 15 年前，当时他在北京十一学校担任副校长，后来他调任立新学校当校长，邀我去访问。立新学校是一所集幼、小、初、高于一体的基础教育学校。我就动员他把 15 年衔接起来，整合课程、改革培养模式。他努力变革，并经北京市教委批准，将学校更名为北京实验学校。这所学校可了不得，是首都北京唯一一所 15 年一贯制公立示范学校。是实验学校就要出实验成果。曾军良担任校长以来，满怀教育激情，不断创新，推动了多项教育教学改革，获得多项奖励，并出版了几本著作介绍他们的经验。

曾军良校长充满教育激情，他对我讲了许多教育故事，如怎样激发学生的学习兴趣、怎样让学生建立自信、怎样与家长联系沟通、怎样到北京郊区去接管和改造一所薄弱学校等，讲起来眉飞色舞，显现出他的教育幸福感。

《给教师的成长建议：自"觉"成就卓越》一书，集中反映了他对教育的理解、对教育的执著，描述了他以教育的激情，引领学校改革，取得教育成果，最后获得教育幸福的过程。我因为视力衰退，无法通读全书，只浏览了该书的目录和个别章节，觉得内容非常丰富，字里行间透露了他对教育的激情。至于他的教育故事，请读该书，相信一定会有所收获。

顾明远

2021 年 3 月 11 日

PART 1

第一辑

觉知教育魅力与幸福

沉浸在教育最美的姿态里

教育，需把美好的故事留下。这故事，也许是某日清晨，在晴朗的天空下、学校的花池边，师生携手听歌读诗；也许是薄暮的黄昏，在明亮宽敞的学校礼堂里，师生相伴歌咏游戏；也许是在魅力课堂的探索实践中，师生、生生目光交汇的灵动瞬间；也许是在走廊里，一回心心相印的师生温暖谈心；也许是班会上师生产生强烈的共鸣，心灵受到震撼……这样的故事，也许波澜不惊，或者平淡无奇，但就在这一颦一笑、守望相助中，凸显了教师对教育的理解，盛满了教师对学生心灵的关爱。孩子们，会因这样的故事而成长；为师者，会因这样的故事而发展；师生因为有这样的故事而相互尊重与依赖。沉浸在师生相互信任里，沉浸在教育的探索与发现中，沉浸在学生的幸福成长里，沉浸在教育最美的姿态里！

一、在阅读的世界中寻找教育最美的姿态

人生是一个从知识的贫乏走向知识富有的过程，是一个从感性认识走向理性思考的过程，是一个从学习知识走向运用知识，并最终创造知识的过程。阅读在人生中起着至关重要的作用，可以改变人生、奠基人生、丰厚人生，只有终身阅读者，才能适应社会发展的需要，才能担当起新时代教育者的责任与使命。

1.阅读沉淀内涵

"师者，所以传道授业解惑也。"为人之师，必须闻道在先。教师只有不

断地积累知识、更新知识，让自身的知识日趋丰富、充满活力，才有传道授业解惑的能力。在信息爆炸的时代，我们每天都从互联网上接触大量的碎片化信息，阅读变得越来越零碎。但对于教师来说，系统性的学习和对深度资料的吸收必不可少。一本书就是一个世界，阅读越多，内心越沉稳。我们常说，一个人的气质里，藏着曾经读过的书，走过的路，爱过的人。因为气质是岁月长期沉淀的产物，是漫长时光所赠予我们的最好的礼物。换句话说，你的内心是怎么样的，你的世界就是怎么样的，你走过的路，不会骗你。阅读的积累，让你修身养性，让你才如泉涌，让你沉着应对教育教学中不断出现的新盲点、新问题。

2. 阅读提升思想

教师是学生思想的引领者，引领孩子成长的方向，激发孩子成长的斗志。思想源自站位，源自实践的探索升华，源自独特的智慧思考。不同的楼层，就会有不同的视野和心态。人也一样，当我们迈入了一个新的高度，就会有不一样的视野和胸怀。读书，是为了遇到更好的人，见到更精彩的世界，让自己拥有更好的思考与思想。人的精神需求的最高层次是理性的思考。一个有思想的教师，更能真正读懂孩子、引领孩子、温暖孩子，促进孩子今日的成长，期待孩子明天更美好！

3. 阅读升华灵魂

掂着有分量、翻着有声音、闻着有墨香、看着不伤眼、读着有营养的书，陶醉在字里行间、多情多景中，字斟句酌、细嚼慢咽、进入意境、领会精神、升华灵魂，这是多么的惬意啊。我们怎能放弃这种伟大而充满尊严的阅读习惯！余秋雨说过："中华文明之大，相当一部分取决于它的普及企图和传播力量。暂处衰势时它会隐匿自保、清高自慰，而一旦有兴盛的可能，总是百川连注、众脉俱开、气吞万汇。"教师一定要做有文化、有灵魂的人。有文化、有灵魂的人，会将文字、文章、书籍、思想情怀化入自身的血液、生命里去，化作生命的一部分。读书的最高境界，不是学知识，而是发现自己、发现良知、重塑自我、提升格局、升华灵魂。即使阴天，内心依然充满阳光，即使下雨，灵魂依然晴朗，不会因为外在的环境而影响自己的成长，永远保持行动和思想的高度统一、和谐同步，永远保持内心的独立和坚定。阅读升华灵魂，一个拥有良好读书环境的教师群体，一定会弥漫着人性的光辉；一个善于从经典中汲取力量的教师，一定会展现最有活力的教育。请老师们记住阿根廷国家图书馆馆长博尔赫斯的话："这个世界如果有天堂，那么天堂的样子肯定是图书馆的模样。"

教师在工作之外，常常沉浸在阅读的世界里，默默吸收着书中的营养，享受着知识世界的旖旎风光，沉淀内涵、提升思想、升华灵魂，这样的场景难道不是教师最美的姿态？

二、在舒展的自然中展示教育最美的姿态

舒展，既指孩子的生命状态像大自然的花草树木一样，顺着天性，自然地、自由地伸展，张开枝蔓、健康生长，又指内心宁静、舒坦、愉悦、美好。每一个鲜活的儿童生命都像大自然的粮食作物一样在拔节孕穗期不断吸收养分尽情生长，呈现出它的舒展姿态，这个姿态展现其自然、自由、自觉、和谐、美丽的生长。教师要遵循孩子身心发展的天然规律，尊重孩子自主成长的美好愿望，遵守立德树人的教育追求，培养人、发展人、塑造人，让每一个孩子健康地、自主地、幸福地成长，努力成为更好的自己，不断攀登自己生命的高峰！

1. 培植适合舒展生长的土壤

学校是学生舒展生长的土壤。它应当像公园一样，像图书馆一样，像家庭一样，有着新时代学校的样子。像公园一样，是说学校要开阔大气，环境优美，文化气息浓厚。开阔大气的校园，能涵养出眼界高、胸襟广的独特气质。美丽幽静的环境，能让学生举止文明、行为优雅、心灵洁净。厚重浓郁的文化，使学生远离喧嚣和浮躁，学会沉静和思考。像图书馆一样，是说学

校管理有序，又充满读书的浓厚氛围。我们的校风是"健康、明礼、乐学、创新"。"明礼"强调的是文明、礼貌、秩序、规则。像家庭一样，是说要懂得尊重与欣赏生命，创设温暖、温馨、温情的生长环境，建设和谐、友爱、平等、尊重、善良的师生关系。有着新时代学校的样子，是说学校要摒除功利，去除浮躁，安安静静办教育，既要务实，又要有情怀、有理想，越来越接近教育本真，贴近生命，越来越像一个新时代的学校，教书育人、全面育人，为孩子的终身发展做好准备。

2. 拓展适合舒展生长的空间

舒展生长需要空间，学校系统规划并努力构建适合"自然成长、自己成长、自由成长、自觉成长"的"十五年一贯校本融通课程体系"，为学生自主成长与发展提供广阔的选择空间，努力激活精气神、塑造真善美。构建校本课程实质上是一个以学校为基地，进行课程开发的民主决策的过程，即校长、教师、课程专家、学生以及家长和社区人士共同参与学校课程计划的制订、实施和评价，通过课程展示学校的办学宗旨和特色。我校依托十五年一贯制的办学优势，构建既能实现幼小初高四个学段无缝链接、纵向贯通，又能促进各学科知识整体融合的立体融通课程体系。

一是强调课程间的横向整合，通过四个学段多种学科的知识互动、综合能力培养，促进师生合作，实现以人为本的新型课程发展，在课程结构、课程内容、课程资源以及课程实施等各个方面实现一定程度的整合，从而促进课程整体的变革。

二是强调课程的纵向贯通，建设各学段的融通课程，促进四个学段间的有效衔接，同时加强一体化校本课程的建设，使课程目标、课程内容、课程实施和课程评价等方面均能体现出进阶性、整体性和一贯性。

三是整体开发四个学段衔接的"入境课程"和"引桥课程"，落实幼小、小初、初高衔接问题，实现课程融通，并跟踪调研使用效果，再进行完善，以保证课程研究与整体实施的成效，促进学生、教师、学校的可持续发展。

3.探索符合舒展生长规律的时间

生命长成参天大树有一个过程，我们要给它舒展生长的时间。在教学方面，推行"加减法"："加"是开展魅力课堂探索，让课堂成为引力场、思维场、情感场，成为促进生命发展的力量场，提升教学质量、提升课堂效能、提升教育品质。"减"是减负，减轻学生的思想与心理包袱，减少学生作业量、减轻学业负担，严控各科课外作业时间，还给学生休息的时间、自主学习的时间、发展特长爱好的时间，确保孩子每天锻炼的时间不少于一个小时，确保幼小初高的孩子的睡眠时间分别不少于 12 小时、10 小时、9 小时、8 小时。定期发放学生与家长调查问卷，了解各科作业量和作业时间，了解学生校外补课时间。对问卷数据认真统计、认真分析，针对问卷反映的问题，通过家长大会、教师大会、学生大会及时研究解决。以行政方式严格控制作业时间，规定晚上作业时间不能超过上限，确保孩子有足够的睡眠时间，促进孩子健康、持续、全面成长。

儿童的生长有其天然的规律，教育就是要尊重儿童成长的规律，为儿童的发展培土施肥、浇水除虫、通风补照，让儿童之树根深叶茂、自然舒展、茁壮成长，在舒展的自然中慢慢长大成人，这就是孩子成长最美的姿态。

三、在探索实践中创造教育最美的姿态

教师从事的是创造性的实践劳动，教师每天面对的是众多鲜活的生命个体，每一个生命都是如此活泼可爱、欢蹦乱跳、天真烂漫，每一个孩子都是祖国的未来、民族的希望、家庭的希冀，教师需要在教育的实践中用心探索，创造适合每一个孩子发展的教育，让孩子们像雨后春笋茁壮成长。

1.课堂是教师激情探索的圣地

课堂是教师实现专业价值的殿堂，是教师的教与学生的学交汇碰撞的佳地，是素质教育的主阵地。教学是师生彼此都要珍惜的缘分，课堂是教学的

核心环节，有限的课堂时空，却有着无穷的探索与创造的空间，教师需要用无限的激情与执著的探索精神，去创造没有最好只有更好的课堂，让课堂成为孩子幸福成长的天堂。在课堂里教师用诗性的语言，捕捉教学的灵感，体会语言的力量，追问教育的本质，感悟生命的真诚，展现激情的魅力。教师应该将课堂向学生开放，多把机会留给学生，想方设法为学生的成长搭建起舞台，让每个孩子在自己的舞台上演绎出生命的精彩。教育的润物之功，大多数不能立竿见影，应该给教育一点时间，守望孩子的成长，静待花开。教育教学活动应该是师生的共同活动，是教师"教"与学生"学"的统一，要创新"教"与"学"的方式。课堂主要体现的是"学"而不是"教"，"教"是为了不教，是为了促进学生的"学"。一堂完全由教师把控，顺着教师的精心设计进行的课堂，不是好课堂，也不是课堂的常态。教师合理地引导，学生在学习的过程中积极思考，如此，学生才会有所收获。当学生完全被动地接受时，这堂课就成了教师的表演秀。良好的师生关系是开展高质量教育的前提，师生关系协调，才会产生情感上的共鸣，从而进入教育教学的最佳境界。请相信：教师俯下身子，学生"总会醒来"。

2. 最好的教育是教师率先垂范、以身作则

教师自身是最好的教育课程，身教重于言教，教师应率先垂范、以身作则，提升自身修养，做立德树人的表率，做孩子成长的榜样。以身作则不是装，不是在孩子面前变成另外一副模样。以身作则是一种习惯，一种日常行为，一种能让人看到但又不刻意的东西。有这样一所乡村小学，老师们每天早早到校，第一件事就是拿起扫帚打扫校门处的公共场所。渐渐地，学校里的操场再也见不到孩子们不经意扔下的垃圾，甚至幼儿班的孩子也兴致勃勃为校园里新种的树浇水、除草。教育不是一味的说教，以身作则是对教育最好的诠释，我们从自己做起，并且努力做到最好，就是教育最好的一面镜子。教师要目中有人，而不能只看到机械的分数，任何一张考卷是考不出人的综合素质的。如果教育不追求德性与智性的统一，就是残缺的教育。作为教师，首要工作是育人：引领孩子走一条健康、正确的人生之路，让每个孩

子都能得到充分的、全面的、健康的发展。

教育的幸福不是熬出来的，面对无休止的累，消除职业倦怠，最好的办法是去爱。爱孩子，爱课堂，爱校园，增强内心的教学勇气，善于激发孩子成长的内动力，勇于探索教育的规律，在教育改革与探索中豪情满怀、激情奋斗，创造教育最美的姿态！

四、在奋斗的人生中呈现教育最美的姿态

知识的泉水涓流不息，让希望的种子吐露新芽，让思想的大树开花结果，让人生的蝴蝶破茧而出。让每个学生都能拥有一个幸福而有意义的童年，以此为他们幸福而有意义的一生创造良好的基础，这是新时代教师肩负的使命，教育者需要用一生去奋斗、去创造、去超越。

1. 在笃志笃行的深耕细作中提升教育艺术

教育是农业，不是工业。教育的田园上，种子和灵魂的生长要求每一缕风、每一丝阳光、每一滴雨露都来得恰到好处。在最用心的时候，在最适宜的地方，才会有生命花开，才会有最粲然的笑脸。所以，为人师表的我们，就得像那些在希望的田野里俯首耕作的农民兄弟一样，沉浸在激情、专注和挥汗如雨的光阴中，去探寻并掌握行之有效的深耕细作的技艺和方法。

在不断丰厚自身文化底蕴、理论素养的基础上，笃志笃行、深耕细作、精心研究、潜心探讨、丰厚实践、凝聚智慧，揭示孩子成长的规律，提升育人的智慧与艺术，竭尽全力为育人事业奉献力量。

2. 在奋斗与探索中创建自己的教育思想

成为一名有思想的教师，使我所做的一切有了一种自觉的追求，使生命在教育生活中挺立，并产生一种凭海临风的洒脱与旷达，矢志不渝地追寻教育的理想。36年的教育生涯，在不间断的博读深思中，在探索县城教育、地级城市教育、省会城市教育、首都教育的德育、教学创新改革中，在近十年

开展的幼儿园、小学、初中、高中十五年一体化综合改革实验中，在遍及祖国四方的游学研修中，在北师大、北大、清华的校长培训班的演讲报告中，在和全国各地教育名家、教育同行的深谈纵论中，我实践、探索、聆听、发现、感受、思考、写作……36年实践中思索的结果告诉我，教育的基础是实践探索、哲学思考、科学研究。教育者的生命观，教育者对儿童生理科学、心理科学的研究程度，直接影响着人才的培养，教育的未来。教育需要从原点出发，去尊重规律，去尊重并激扬生命。我读哲学著作，将中国传统的"天人合一"的哲学思想，与西方哲学"自觉、认识、行动"的思辩探寻结合起来，深入探究教育深层次的问题。在每天的实践、阅读与写作中，我越来越认识到要把孩子当成一粒种子，怀抱着静待花开的慧心，去发现和成全，去唤醒和激扬，去等待不同孩子的不同花期，去欣赏不同孩子不一样的美丽。最后，我将魅力教育的核心思想表述为：构造"一方池塘"，服务孩子"自然成长"；点燃"一束火焰"，启迪孩子"自己成长"；敲打"一块燧石"，引领孩子"自由成长"；推开"一扇大门"，促进孩子"自觉成长"。办一所"孩子向往、教师幸福、社会满意"的学校，培养具有"北实精神、中国灵魂、国际视野"的现代人。

魅力教育着眼于激发内动力、培育精气神、塑造真善美，着眼于为孩子的终身发展与幸福人生奠基。

3. 在归心低首的生命关爱中呼唤教育情怀

"爱在爱中满足了。"纪伯伦如是说。"爱满天下。"陶行知身体力行。"教育其实很简单：一腔真爱，一份宽容，如此而已。"李希贵如此理解教育。没有爱，就没有教育。教育者需要怀抱着持久的热忱，以爱育爱，以情激情。在平凡的时光里，师生因爱携手，与梦同行，让生命里的一切思想、情怀、品格盛开成三月如诗如画的原野，在寂寥的人生路途中，共同用生命去唱一支充实而热烈的成长之歌。

我想让我的每一天，都怀着雀跃期待的心情去迎接和学生的每一次相逢；我想让我的每节课，都洋溢生命的温暖，释放智慧的灿烂；我愿在孩子取得进步的时候，毫不吝惜为师者的激赏和赞叹；我愿在孩子出现错误的时候选取适当的教育方式，恰如心有猛虎而细嗅蔷薇，不去惊醒花蕊上晶莹的晨露。带领学生走进文学，走进经典，走进自然，走进生活，在春天温润的空气里、秋天清澈透明的光线里，从林间洒落的阳光里、陌上盛放的花树里、溪边萌动的绿芽里……感受到心灵舒展的饱足和喜悦。让学生从小获得欣赏艺术和大自然的能力，为他们终身精神生活的丰富奠定美好的基础。

从事教育的人是愉悦的，做奋斗的教师是充实的，成为有思想的教师是幸福的。新时代的教师，热爱自己的工作，毕生追求崇高的教育事业，逐步成长为有智慧、有思想的教师，在坚持不懈的奋斗中呈现最美的教育姿态。

做教育是美好而幸福的。这里充满着浓厚的诗意，洋溢着诗的烂漫，弥漫着诗的芳香！在教育生活中，以阳光进取之心态、包容宽广之胸襟、博学优雅之素养、温润欣赏之态度，安心乐意地投入，倾洒满腔的激情、深挚的爱心，勇于奉献，才能追寻教育的诗意与远方。在不懈的追寻中，相信我们的生命一定能穿越翠绿旷野、湛蓝海洋，穿越苍茫风雨、七彩阳光，抵达长空浩瀚、星空璀璨处。浸润在教育的世界里，尽情享受教育的温馨与魅力，这就是我们的理想境地，这就是教育最美的姿态。

新时代教师的魅力从哪儿再提升

给每一个孩子提供公平而有质量的教育，是新时代教师的重要使命。有好的教师才有好的教育，教师能提供好的教育，才能扛起为国育才的重任。教师是给孩子提供教育的本体，教师只有与时俱进，读懂时代、读懂教育、读懂学生、读懂自己，多维思考、立体反思、全面改进、自我超越，才能绽放出新时代教师的独特魅力，才能给每个孩子提供最适合的教育。

一、衣着得体一点

教师是知识和教养的化身，是新一代的塑造者。教师的着装应既符合自己的职业要求，又具有相应的审美效果，素雅大方，整洁得体。款式、色调应与穿着者的年龄、体型、性格等相协调，让衣着得体一点。

（1）展示个性。不是指过分追求新奇，赶时髦，不顾社会规范，而是指穿戴要适应场所、地区的变化，要合乎时宜，能被学生认可，能给学生带来视觉的愉悦。

（2）色彩搭配。人们在观察物体的时候，色彩的感觉占到五分之四。而服饰的协调主要是色彩的协调。一般说来，暖色调和中性色彩是我们经常选择的。比如白、苹果绿、柠檬黄、天蓝、粉红、湖蓝、橘黄等颜色，就是女教师的首选。

（3）服饰图案。传递的信息应该永远是积极向上的，与自己的风格相统一。此外，教师的着装还应与所教学生的年龄阶段相协调。例如幼儿教师的服饰色彩应是明快鲜艳的、温暖的，中学教师的服饰色彩显示温暖足矣，无需鲜艳。

俗话说，身教重于言教。有怎样的老师就有怎样的学生，在学生身上往往能看到教师的"影子"。教师服饰与学生发展并不是无关的，相反，学生对待教师的态度、师生关系的状态与教师服饰是相关的。因此，在日常的教学活动中，教师着装得体还是非常重要的，教师要注意塑造自身的形象美！

二、精神振奋一点

教师的精神需要是多方面、多层次的。当前，在教师需要及其激励上主要存在着两个突出的问题：一是在物质需要和精神需要的关系问题上，重物质需要轻精神需求；二是把教师的精神需要和精神追求归结为道德需要和道德追求，忽视教师精神需要的丰富性和多层次性。针对当前教师精神需要的特点和激励中存在的问题，学校管理者应进行合理调适与激励，充分发挥教师的工作积极性。真正赋予生命意义的是教师的精神状态，教师要努力践行"忠诚教育、关爱学生、教书育人、为人师表、严谨治学"的教育价值观，做教育精神的贵族。

（1）终身从教的献身精神。把教师工作当终身事业，终生献身教育事业，甘为人梯，无悔奉献。

（2）认真执教的敬业精神。教师要有敬业精神，认真执教是敬业精神的最好体现，"敬业、乐业"应成为教师的座右铭。

（3）爱生如子的园丁精神。新时代的园丁精神，核心就是爱，师爱要面向全体学生，从教师心灵深处生发出的爱才能到达孩子心灵的深处。

（4）不甘落后的拼搏精神。教师要自强不息，在岗位上拼搏，追求卓越，做学生的榜样，拒绝平庸，做有思想、有理想、有拼搏精神的教师。

（5）不计得失的奉献精神。奉献是教师的天职，师魂在于奉献，把奉献落实在行动上。爱是教师最美的奉献。教师要把本职工作做好，努力追求卓越，做人格高尚的教师。

（6）互助合作的团队精神。优秀的教育质量是教师团队精诚合作的结果，教师需要团队精神，每位教师都需要在团队中发展成长。

（7）与时俱进的创新精神。教学有法，教无定法，贵在得法，教师要树立创新教育的理念，与时俱进，做个智慧型教师。教师要不断学习新知，不断开阔视野，不断创新前进。

（8）躬身垂范的表率精神。榜样的力量是无穷的，要求学生做到的，教师先做到，表率无巨细，做好小事情即真教育。做好表率，从严格的自我要求做起。

（9）刻苦钻研的钉子精神。时代呼唤钉子精神，刻苦钻研业务是教师专业成长的需要，是提高教师科研能力的必经之路。善钻善挤，学无止境。

（10）勇挑重担的实干精神。多抢挑重担，少推卸责任。实干是事业成功的基础，教师要好学乐教、勇于挑战、强化实干、善于巧干。

教师不仅是一种职业，更是一种精神存在。只有教师的精神振奋，才有学生的精神成长。

三、微笑甜一点

在教学中，教师微笑的魅力和作用不容忽视。为了渲染课堂气氛，引起学生的兴趣和求知欲，上课时，教师面带微笑，并辅之以风趣、幽默、充满诱因或悬念的语言，能给学生创造一个开放、宽松的教学环境。在和谐、宽松的课堂气氛里，学生们会怀着轻松愉快的心情投入学习，自然就敢大胆发言，积极思维，进而产生浓厚的学习兴趣。

教师的微笑是一种教学的艺术。教师很容易做到的一个微笑，在学生看来，是对他们莫大的信任与鼓励。教师的微笑是一朵最美丽的花，愿教师能将润着春风雨露的最美最灿烂的花朵，撒向施教的每一个角落。上课铃声响了，教师微笑着站在教室门口，会使孩子产生良好的心理定势——学习好的孩子会更加充满自信，学习有困难的孩子也会受到鼓励。教师粲然一笑，有利于创造一种和谐融洽的课堂气氛，使学生怀着轻松愉快的心情投入学习，把兴奋点集中到对知识的接受理解、思考发展上。

微笑是师生交流的和谐方式。教师一个理解的微笑，是学生愿意开启心扉的药剂，会使自哀自怨者重新找回自我，它好似一阵清新潮润的春风，散着怡人的气息，使尘封的心灵再次感受召唤；教师一个鼓励的微笑，会使自伤自怜者感到生活还有另一种滋味，它犹如一缕清亮耀目的阳光，洒着光辉，使沉落的心室再次感受温暖；教师一个真诚的微笑，会使自暴自弃者感到生活并不是只有拒绝，它犹如一株带着晨露的鲜花，吐着芳香，使沉沦的心再次感受到希望。美好甜美的微笑会给学生以良好的印象，促进师生的感情交流。

教师的微笑有利于进行思想教育。教师原谅的微笑，是学生重新面对自我的力量源泉；教师真诚的微笑，是学生抚慰心灵的一股清流……教师的微笑，循循的劝导，使学生看到了师者的胸怀风度、修养气度、德才学识、作风能力，从而在人格上感染他，使他愿意把自己的看法、观点说出来，也能心悦诚服地听从教诲。因此，教师的微笑，如一阵暖风，温热冰冷的心房；教师的微笑，像一场春雨，滋润干裂的心田；教师的微笑，似一部神曲，唤醒沉睡的心灵。这样的教育效果是显而易见的。

微笑是教师教学基本功内涵的自然流露，它能给学生创造出轻松、愉快的学习氛围。微笑应该作为一种现代教学艺术潜入课堂教学，因为微笑是教师最美的语言！教师的微笑，是教师仪表风度的一种表现，是教师美好心灵的一种表露，这种无形的教育因素，对学生起着潜移默化的影响。

四、说话美一点

教师工作的主要手段之一是课堂教学用语，教师的语言水平直接影响到课堂教学的质量和效果，关系到学生思维能力的提高，关系到学生的语言表达能力和语言的规范化，甚至关系到学生审美能力的培养。从这个意义上说，教师的魅力很重要的一方面便是教师课堂语言的魅力。对于教师的课堂语言，不仅需要思考说什么，还需要思考怎么说。

教师教学语言美是创造美的第一要义。苏霍姆林斯基说："教师讲的话带有审美色彩，这是一把最精致的钥匙，它不仅开发情绪记忆，而且深入到大脑最隐蔽的角落。"可见教师的语言美的重要性。教师的语言美，能启发学生的思维，激发学生的学习热情，塑造学生美好的心灵。

教师教学语言美能提升教育质量。语言作为沟通的关键，直接影响着学生的学习质量。教育改革的不断深化，对教育工作者提出了更高的要求，如果教师的课堂语言有激情、有温度、有节奏、有文采、有智慧，将会把课堂带入温情、雅趣、享受的佳境；如果教师会激励、会概括、会比喻、会推理、会风趣、会评价，将会把课堂推向进取、科学、超越、挑战的高地。这样的课堂会吸引学生，促进学生主动参与，质量的提升必然是水到渠成。

信息以何种方式进行传递，至关重要，如果以更科学的方式进行排序，以更亲切温馨的语言进行归纳，以更洪亮更富有激情的话语进行对话，对听者充分理解信息有很大的好处。课堂语言对学生的成长至关重要，教师要努力研究、实践探索、积极提升、练就口才，提升育人的能力与智慧。

五、观察细一点

儿童如同幼苗，需要精心呵护其成长。对于儿童成长时期的行为变化，需要细心观察、用心发现、探寻规律。观察是一种习惯，还是一种能力，更是一种智慧，通过关爱观察，读懂不同的生命个体，探索出适合每一个个体生命的教育。

教书育人须关注细微处。教师在开展教育教学活动中，要高度关注每一个孩子的精神状态，细致观察孩子行为的变化，从而去了解孩子内心世界的活动。以关注、善良、期待的目光与孩子交流，以关心爱护、理解包容、严格要求的话语与孩子对话，以温暖、真挚、高尚的情怀去滋润孩子的心灵。这样就能建立良好、温馨、和谐的师生关系，从而提高教育的目标性、针对性、实效性。

课堂观察需要细致科学、立体多维。开展课堂观察是非常有价值的教学研究活动，因为课堂教学是实施素质教育、培育必备品格、提升关键能力的主战场。学校教学部门、学科组、年级组开展课堂观察活动，实现课堂改革再出发、课堂魅力再提升、课堂质量再跨越。课堂观察主要是以提升教育理念以及教育教学技能为宗旨，凭借一些观察元素，在情境中不断反思、感悟、自主构建的一种研究活动。

课堂观察要从四个维度、二十个观察视角去推进。

维度一：学生学习。

观察视角：准备、倾听、互动、自主、达成。

维度二：教师教学。

观察视角：环节、呈示、对话、指导、机智。

维度三：课程性质。

观察视角：目标、内容、实施、评价、资源。

维度四：课堂文化。

观察视角：思考、民主、创新、关爱、特质。

教师只有观察细一点，看到的真实的东西才能多一点，引发的教育反思才会更强烈，我们的教育才能更好地改进、提升、创新、超越，教师的教育魅力才能不断提升。

六、思考勤一点

笛卡尔说，"我思故我在"；柏拉图说，"思维是灵魂的自我谈话"；孔子说，"学而不思则罔"。可见思考对一个人来说有着特别重要的意义。教师从事的是培英育才的事业，这份事业非常光荣但也极其复杂，教师特别需要提高自身的思维能力以应对种种挑战。教师需要积极思考、创新思考、深度思考。对教师来说，深度思考有着极为重要的意义。

深度思考是一种特殊的思考方式。这种思考方式能够帮助我们透过事物的表象看到本质，直抵核心。深度思考是一项非常重要的能力，几乎所有的成功人士之所以能成功，很大程度上要归功于具备了深度思考能力，比如优秀的导演通过深度思考找到了电影的本质，著名的作家经过深度思考抓住了文章的核心，卓越的企业家经由深度思考发掘出新的商业机会。各行各业都非常需要能够进行深度思考的人才。

教育的深度思考体现在四个方面：

（1）多维度思考。学习知识、解决问题，要善于从不同维度去分析、去探究、去发现、去挖掘、去反思、去升华。

（2）具体化思考。在多维度思考的基础上，要有学习知识、解决问题的具体办法，要提升实战能力。

（3）思考原因。要想弄清楚知识源自何处，问题的原因何在，就需要深入思考其来龙去脉。

（4）思考后果。要想弄清楚知识向哪里发展，问题的后果是什么，教师需要严谨思考、迁移思考。

洛克威尔说："真知灼见，首先来自多思善疑。"教师要让自己的教育有魅力、有智慧、有力量，就必须让自己的思考有创新、有开拓、有深度。

七、方法巧一点

上课不仅是以知识来教育学生。同样的知识内容，在一个教师手里能起到教育作用，而在另一个教师手里起不到教育作用。知识的教育作用在很大程度上取决于它跟教师个人的精神世界（他的信念、他的道德生活和智力生活、他对自己的教育对象即青少年的未来的看法）融合的密切程度。引领学生成长是一项艰巨而复杂的工作，在教育的方法上、在引导学生学会学习上都需要理性思考、创新实践、不断探索。

在教育方法上，要注重遵循孩子成长的自然规律、读懂孩子的内心世界；要高度重视与孩子的心灵沟通、精神融合；要全面激励孩子的成长，帮助孩子学会成长，关注孩子的身心健康与可持续发展；要高度尊重孩子，多听听孩子的声音，相信孩子会有美好的未来。在价值引领、精神呵护、心灵健康、人格健全、生长生活、特长发展、学会学习、职业规划上，要做深度思考与探索，做立德树人的先锋、教书育人的榜样！

在学习方法上，授之以鱼不如授之以渔。会学才会爱学，爱学才会乐学，乐学才会终身学。教会学生学会学习是教师的天职。

（1）制订计划。要想学习好，首先得制订一个切实可行的学习计划，用以指导学生的学习，使学生生活、学习规律化，养成良好的学习习惯，大大提高学习能力。

（2）课前预习。课前自学有点像作战时的战前侦察，弄清楚哪是明碉，哪是暗堡，哪是最坚固的地方，哪是薄弱环节……通过预习，可以对新教材有个初步的了解，知道自身有哪些问题弄不懂，并做上记号。带着问题听课，就会听得更认真，可以把自身对教材的理解与老师讲解的内容进行比较，加深对新教材的理解和记忆，纠正自己的某些片面认识和情绪。更重要的是，可以培养自学的能力，这是一个人在学习和工作中必须具备的能力。

（3）专心上课。这是目前最经常性的、最大量的一个环节。除了端坐静听外，更重要的是积极思考（多问几个为什么）。对同一个问题，可以从不同的角度去观察、分析和对比，大胆提出自己的见解，和老师、同学开展讨论。课堂时间不够，就放到课外，老师没有时间，就和同学讨论。总之，讨论得越充分，研究得越透彻，理解得越深刻，掌握得就越牢固，并且能够极大地提高自身的分析思维能力，增强学习兴趣。

（4）及时复习。现在的教材，学科庞杂，知识点多，要想做到一次净，一遍成，是根本不可能的，所以及时复习是非常必要的一环。除了跟随老师在课堂上复习外，更多的是根据自身掌握知识的情况及学习中出现的遗忘等现象，做好课外复习工作。复习不应是机械地重复几遍，而是把学过的知识更加系统化、条理化，纳入到整个知识系统中。

（5）独立完成作业。特别强调的是"独立"二字，作业不能独立完成就失去了其应有的意义。此外，我们还要坚决反对将作业看作任务，单纯为了应付老师检查而做作业的不良习惯。作业实际上是课堂学习的继续。通过作业巩固课堂所学知识，检查课堂听课的效果，培养自身独立思考、分析问题、解决问题的能力，提高自身的自觉性和积极性。当然，作业中出现的疑难问题，在经过充分的思考、分析后，可以向老师、同学请教或开展讨论，对于作业中的错误，要及时分析原因并进行订正。

（6）解决疑难。学习中的疑难问题可以说是大量的、反复的、连续不断的，在学习的全过程中始终伴随着对疑难问题的解决，能够提出疑点和难点，本身就是积极开动脑筋的一种表现，是一种想解决问题的表现。对当天学习中出现的疑难，应该当天就把它解决（问题不过夜），因为明天可能还会有明天的问题。也就是说：解决问题一定要及时，不要让问题越积越多，以致到后来堆积如山，无法解决。

（7）系统小结。平时我们学的知识，需要经常地顺一顺、理一理，找起来就方便，用起来就顺当，这就需要进行系统小结。除了课堂上听从老师小结外，还可以自学一下课本上每章的小结，最终学会自己小结，把已经学过的知识储存到相关学科的网络中去，一旦需要，就可以提出来应用。

（8）课外学习。对于成绩优异的学生来说，课外学习就是进一步开拓知识面，开阔视野，发展特长，参加学科竞赛等。而对于成绩差的同学来说，课外学习就应该是努力把欠缺的知识补上来，把基础知识打扎实，加强基本技能的训练，尽快跟上大家前进的步伐。

在教育教学中，没有一成不变的好方法，更没有适合每一个孩子的学习定律，教师必须与时俱进，不断探索、不断发现、不断引导，让教育教学的方法巧一点，孩子的成长就会更快一点。

八、情绪稳一点

情感是人的生命的重要组成部分，没有情感的生命，是呆板的、机械的，因此也是黯然失色的；有情感伴随的生命是有活力、有朝气的，因此是光彩夺目的。教育是一项动情的事业，教育工作必然要求教师具备较高的情感素养。只有具备情感素养，教师才可能驾驭教育情境，影响学生的情感发展，助推学生快乐成长。

（1）人文涵养。人文涵养是一个人精神发育的标志，一位教师的精神发育史就是他的阅读史。没有阅读就没有个人心灵的成长，就没有人的精神发育。阅读不能改变人生的长度，但它可以改变人生的宽度和厚度。阅读不能改变人生的物相，但它可以改变人生的气象与品质。外在的相貌和物质的构成基于遗传而无法改变，但人的精神可以因阅读而蓬勃葱茏、气象万千。教师要努力走进阅读的世界，终身阅读，让阅读丰厚自己的精神，健全自身的人格，提升自身的涵养；让阅读带来积极的教育情感，滋生出教育的激情与艺术，用温暖的情与执著的爱感动孩子，让孩子们在享受师爱中幸福成长。

（2）优化情绪。情绪不只是一个人健康与否的晴雨表，还是其工作、学习和生活质量高下的试金石。一个忧伤、气愤、恐惧、悲哀的人，自身的免疫系统发生紊乱，而且不管其心里如何想集中精力学习、工作，都必然事倍功半。教师要有调控自身情绪的能力，善于把欢笑、快乐、幸福带到工作中、带给孩子们，传递欢声笑语，享受教育的甜美。

一个情绪积极向上、热情爱生、充满活力、成熟睿智的教师，一定会带给学生乐观、进取、善学、好思的精神，一定会在孩子的精神世界中播散真善美的种子，教育也因此变得更加阳光、活泼、美丽。

九、表扬多一点

表扬是对人的思想行为做出积极肯定的评价，它在教师的教学实践中是一种常见的教育方法，对促进学生健康心理的发展、良好道德品质的形成，具有积极的作用。它是师生间思想沟通、感情亲近、知识贯通的亲和剂。它是教与学之间一座信任的桥梁。它蕴含着教育者丰富的思想、纯熟的经验、精妙的技巧，因此，它也是一门教育艺术。

（1）表扬具有激励作用。教师对学生的出色表现给予褒奖和宣传，教师的语言具有明显的鼓动性、富有激情，例如"你为班级争了光，是同学们的学习榜样"，这称赞的语言不仅让当事人受到鼓舞，其他同学也会受到明显的情绪感染。这种激励性的表扬，对受教育者有明显的鼓励作用。

（2）表扬具有鲜明的强化作用。由于年龄小、生活经验少，学生的知识、心理、行为的稳定性较差，他们对生活中是非、善恶、对错的识别能力不强，教师的具体的表扬能帮助他们强化识别是非、善恶、对错的能力。例如"帮助同学是一种美德""作业按时完成是爱学习的好习惯"，教师这样的表扬语言，让学生能明确地认识"美德""好习惯"的概念，对固化学生的正确的思想认识，具有鲜明的促进作用。

（3）表扬是一个重要的引导信号：对学生中出现的一些稍纵即逝的现象进行适时的引导，借用这些小事中蕴涵的美好品质，对学生进行一次思想认识上的提高。比如某学生拾到一元钱交给老师，某学生看到垃圾主动捡起扔到垃圾箱里等，在学生的眼里不起眼，而教师却看到其积极意义，对学生进行及时表扬，这样的表扬，会使学生直观认识到，"诚实文明、关心集体"等优秀的思想品质，从这些不起眼的小事中就能表现出来。这种对小事公开化、扩大化的表扬，是老师对学生认识优良品质的一种积极引导。

有很多学校倡导赏识教育，以至于教师表扬学生的频率大大增多甚至泛滥成灾。作为一种教育方式，表扬的目的在于激发学生优秀做人，努力学习，积极上进。但是如果表扬不当，会适得其反。表扬要注意场合，要真实，要促进过程中的行为改变，要成为一种美好的期待，有时则是为了矫正学生的不良行为习惯，使其按正确的方向前进。

十、批评少一点

教书育人重在激励引导，但提倡激励赏识教育，并不是说教育没有规矩、没有标准、没有要求，对学生的错误行为进行必要的批评惩戒，是教育不可缺少的，因为必要的惩罚也是孩子成长的需要。

（1）以爱心和诚恳为前提。在对学生进行批评教育时，必须怀着爱心，含着理解，这样说出来的话才易于接受，同时教师还要有诚恳的与人为善的态度。批评不是主人对仆人的训斥和责备，不是为了把学生搞得灰溜溜的，而是师生之间思想上的互相沟通，所以要有善意，这样才能让学生心服口服。

（2）用赞扬代替批评。教师对学生的教育应多用肯定、启发、开导的语言和语气，最好不用或少用"不准""不行""不能"，否定式语言不利于保持学生的积极性。"数生十过，不如赞生一长"，学生爱听表扬，不愿听批评，甚至一听批评就心生逆反。因此，我们在批评其不足之前，应真诚地赞扬他的进步与值得骄傲的闪光点。

（3）批评要讲究艺术。一些班主任抱怨学生听不进自己的批评，其实，原因并非全在学生身上，有时与班主任教师的批评方式不当，批评缺乏艺术性关系很大。批评是在被批评的一方有了错误的思想或行为后发生的。批评的进行是由批评者向被批评者提出意见，分析产生错误的原因，帮助孩子一起反思认识、自我提高的过程。批评要慎用，要有对孩子成长的包容。批评要注意场合、心情，态度要诚恳、语言要平和，不要伤及孩子自尊。批评的背后是对孩子成长的更加关注与期待，而不是让孩子感到孤立与冷落。

教育永远是一门留有遗憾的艺术，在教书育人的道路上，没有最好，只有更好。教师生长的空间是巨大的，教师要永远走在一条自我反思、自我奋进、自我创新、自我超越的道路上。创新无止境，拼搏正当时；修炼无尽头，魅力再添彩！

每天再改进一点点，人生就有大发展！每天再创新一点点，魅力就会大提升！

每天再奋进一点点，魅力教育必将大放异彩！

教师的幸福在哪里

人要想得到幸福，就必须使自己所有的才能、力量和志趣按照自己的本性得到很好的发展，并在自己一生各个相应的阶段得到适当的应用。人们为什么总是要等到幸福已失去时，才能真正明白幸福是什么？如果你能把自己的全部精神灌注到教育里去，那么幸福本身就会找到你，因为真正的幸福都是奋斗出来的。

一、教师幸福的源泉

课堂就是舞台，一堂精彩的好课，对于教师而言，无疑是一种享受和幸福。一个人的职业生活占据了人生最宝贵的时光，职业生活是实现人生目的的重要途径，也是人幸福的源泉，一个人的理想与幸福可以在职业创新实践中实现。

教师的幸福来自于激情的教育与教学工作；

教师的幸福来自于学生的幸福成长与健康发展；

教师的幸福来自于教师的专业成长与人格力量；

教师的幸福来自于教师的教育研究与实战能力；

教师的幸福来自于和谐的学校生活与家庭文化。

研究能带来乐趣，带来幸福。苏霍姆林斯基说："如果你想让教师的劳动能够给教师带来乐趣，使天天上课不至于变成一种单调乏味的义务，那你就应当引导每一位教师走上从事研究这条幸福的道路上来。"实践证明，没有以研究为依托的深化和提高，课程实施和教学改革将走向形式化、浅层化和庸俗化。教学应该成为师生的精神之旅、发现探究之旅、共同成长之旅。

二、我拿什么奉献给我的学生

教师要练就一双悦纳学生的眼睛，善于发现每一个孩子的优点。师爱首先是接纳——确立"每个孩子都是宝"的信念，接纳每一个孩子，善于挖掘每一个孩子的潜能。宽容是交流互动的前提，要谅解成长中孩子的问题与不足，要在积极且富有智慧的教育中静待花开，把期望化为美丽的眼神，给孩子信任与力量，给孩子舞台与掌声，为孩子成长加油、喝彩！

我们有没有以自己风趣的谈吐、渊博的学识去吸引学生？

我们有没有以自己优雅的行为、成熟的思想去感染学生？

我们有没有以自己强烈的责任感、高贵的正义感去影响学生？

我们有没有以自己理性的思考、博大的胸怀去包容学生？

我们有没有以自己高尚的师爱、永恒的激情去激励学生？

干得有效，是因为想得明白；想得明白，来自学得明白。终身学习是教师最重要的价值观，要确立"我们不是不合格才需要学习，而是要思考、要成长、要发展、要超越，要创造自我生命冠军，就需要学习"的新观念。教师拥有丰富的内涵、过硬的素养、崇高的使命，才能更好地促进孩子生命的完整、人格的健全。

三、让学生感觉得到你的关注

苏霍姆林斯基说："不了解孩子，不了解他的智力发展，他的思想、兴趣、爱好、禀赋、倾向，就谈不上教育。"心明才能眼亮，不能跟着感觉走，不能雾里看花。有一双慧眼，细心观察学生，教书育人在细微处。绝大多数的老师说热爱学生，但相当多的学生却说感受不到老师的爱。你不一定能做到深爱你的学生，但你既然从事了这一职业，就应承担你相应的责任，你得关注学生的学习与成长，而且，你不要将关注仅仅停留在意识里，而应让学生摸得着，感觉得到。你拾起学生掉在地上的橡皮，耐心回答学生的提问，常与学生个别谈心，甚至是走道里的一声问候，这些都能让学生感觉到关注。

爱孩子，你要站得高而看得远，登泰山而小天下；

爱孩子，你要让自己的情绪帮助你，而不是破坏你、毁灭你；

爱孩子，你需要读懂孩子的内心世界，教育者需懂儿童的心理；

爱孩子，你自己要先变成孩子；

爱孩子，应该以孩子喜欢并愿意接受的方式来爱。

师爱是理智的爱、激情的爱、智慧的爱、艺术的爱，绝不是糊涂的爱。爱学生是教师的幸福而非痛苦。爱的目的是让爱得到传递。如果我们的学生不会爱别人，那我们老师就没有完成教育的使命。爱是一种能力，既要尊重理解学生，更要教会学生尊重理解老师。师爱是一种大爱，既要有博大无私的境界，也要有行之有效的方法。

四、反思：超越"职业高原"

亮光在你背后，生命期待我们的"蓦然回首"。国外相关调查表明：有63%的教师工作10年以后，很少再改变自己的教学方法。有56.6%的教师在进入"职业高原"阶段后，对新的教学理念缺乏敏感和认同，满足于用已获得的技能进行重复教学，好像很难再上一个台阶。反思是指教师不断检讨自己的教育理念与行为，不断追问"我的教学有魅力吗""我的教学能更优质吗"，不断总结自己工作的得失，不断深化自己的认识，不断修正自己的策略，从而获得持续的专业成长。反思是校本研究中最基本的力量和最普遍的形式，同时也是"教师专业发展和自我成长的核心因素"。反思，它隐含着三个基本信念：教师是专业人员，教师是发展中的个体，教师是研究者。

反思，让自己成为稀缺的资源，远离平庸；

反思，让自己有价值，努力使自己的课堂增值；

反思，找出自己每一堂课的闪光点、问题点；

反思，促进自己在知识的海洋中徜徉、在思维的理性中升华；

反思，使自己的专业再突破，持续研究与创新。

今天做教师，注意向学生学习，把自己当作和学生共同学习的伙伴，是我们成熟睿智的标志。要改变学生的缺点是很难的，重要的是我们有没有发现、发挥学生的优点。发展孩子的优势是克服他缺点的最佳办法。常反思、常学习、常研究、常创新，我们就能超越"职业高原"，攀登自己生命的新高峰，教师在成就自己的专业成长的同时也必将成就孩子的美好未来！

幸福是勇敢的、美丽的梦想

幸福是人与人之间的感动

幸福是看到明日的希望

幸福是在奋斗中超越

幸福是一生的追求

幸福是用心帮助

幸福是敢于挑战

幸福是共同的分享

幸福是下一步的渴望

幸福是身边有许多朋友

幸福是创造有价值的人生

幸福是能力和智慧不断提升

幸福是宏大的、高远的理想

幸福是对党对人民的感恩

幸福是美好生活来敲门

幸福是在知识中启航

幸福是一生的信仰

幸福是善于倾听

幸福是勇于攀登

幸福是成果的共享

幸福是向前走的热望

幸福是奋斗奋进与奉献

幸福是品质与文化的修炼

幸福是精神和内力不断强大

幸福不是得到的多，而是计较的少；幸福不是物质享受多，而是培养人才质量高。幸福是在"优秀做人、成功做事、幸福生活"中的示范引领；幸福是在"孩子向往、教师幸福、社会满意"中的探索与贡献。在教育实践中改变一个学生的过程是艰辛、复杂和曲折的，但倾心领略一个灵魂"从迷茫到苏醒，再到振奋前行"的全过程，一定是愉悦的、幸福的。

魅力教育的 20 条箴言

1. 没有爱就没有教育

什么叫真正的爱？真正的爱是要让孩子在德智体美诸方面都得到发展，他的潜能得到充分发挥，有健全的人格、开朗的性格，这样才有幸福人生。

要相信学生，相信每个学生都要求进步，都能成才；尊重每个学生，做到互相信任。

善于和学生沟通，能够平等对待每个学生，了解学生的思想、学习和生活，了解学生的需要。

2. 没有兴趣就没有学习

兴趣是学习最大的动力。激发学生的好奇心，培养学生的兴趣爱好，营造独立思考、自由探索、勇于创新的良好环境。

师生关系会影响到学生的兴趣和学习积极性。

对教师来说，培养学生的学习兴趣是人才培养的重要一环。

兴趣往往从好奇心发展而来。

兴趣是可以培养的。

3. 教书育人在细微处

儿童有如嫩芽，碰伤了就不易生长。父母也好，老师也好，要注意呵护他。

教师的行为具有示范性和长效性。教师的一言一行都会被学生看在眼里，容易被学生模仿。

教师的工作是一项非常细致的工作，学生不是一潭静止的水，他的内心汹涌澎湃。教师对学生要察言观色，发现学生的细微变化，要善于和学生沟通，了解学生的思想动态，这样才能有的放矢地引导学生。

4. 学生成长在活动中

实践活动是最好的老师，在活动中学生能够发展遵守规则、克服困难、对自己的行为负责、和同伴交往等素养与能力。

学生在活动中不仅激发了学习兴趣，而且习得了各种品德，当他们在活动中遇到问题时，就会主动探究，寻求答案。

"让孩子变成爱学习的天使"，雷夫·艾斯奎斯的经验可以概括为两条：一是信任，二是活动。

5. 学习和教育必须贯穿人的一生

每个人来到这个世界到最终离去的过程，是世界发生巨大变化的过程。这个巨大的变化就是知识呈现爆炸性增长。

教育是极其复杂的事情，没有足够的与时俱进的知识与育人的智慧，就无法满足学生发展的要求。

精神的发育需要不断地学习，不断地接受新思想，不断地丰厚精神内涵。

6. 没有阅读就没有人的精神丰盈

现代教师应该成为一条奔流不息的河流，这是学生的渴望，也是社会的期望及时代的盼望，这应该成为每一位教师的精神追求。

国人不读书，国家难以强盛；教师不读书，教育难以兴旺；学校不成为书香校园，学校难以提供优质教育。

阅读应成为教师的一种生活方式。

爱阅读还要会阅读。

7. 没有深度思考就没有思维的创新

思考是一件难度更高的事，所以许多人宁愿立马埋头干，任劳任怨，也不愿好好想一想。这种看似勤奋的行为实质上是一个人"思维懒惰"的保护色。

有句话说得好，如果想得到与过去不同的结果，就必须做一些与过去不同的事情，而这些不一样首先要体现在认知层面，这就需要深度思考。

深度思考才能带来认知升级，从而成为高品质勤奋者。

有深度思考才会有创新能力。

8. 教育的宗旨是使人成为完全的人

教育之宗旨何在？在使人为完全之人物而已。

何谓完全之人物？那就是人的各种能力品质得到和谐发展。能力分为内外二者：一曰身体之能力，一曰精神之能力。

发达其身体而萎缩其精神，或发达其精神而罢敝其身体，皆非所谓完全者也。

完全之人物应具备真美善之三德。

9. 教育孩子先教做人

一个人为什么要读书？传统中最正确的答案，便是"读书明理"四个字。明理，先要明白做人的道理。中华民族素来的教育目的是什么？是为了"做人"，而不是为了"生活"。

了解孩子的秉性。

让孩子从做好小事开始。

尊重孩子的爱好。

10. 教育就是培养习惯

习惯养成得越多，那个人的能力就越强。

做人做事，需要种种能力，最要紧的是养成种种习惯。

我们在学校里受教育，目的在养成习惯，增强能力。

我们离开了学校，仍然要从多方面受教育，并且要自我教育，其目的还是在养成习惯，增强能力。

11. 决定孩子一生的不是学习成绩，而是健全的人格修养

让孩子树立乐观向上的心态。

让孩子学会感恩，懂得宽容。

培养孩子直面挫折的勇气。

教会孩子自我保护。

让孩子敢于有梦想。

培养孩子的沟通技巧。

教会孩子合理使用钱财，帮助孩子正确认识自我。

12. 不要扼杀儿童的自由想象

富有想象力的学生精神世界更加辽阔。

要让孩子知道幻想可以成为现实。

儿童时期是精神播种期。重视儿童想象力的培养，尊重他们自由思想的权利，这关系到人的一生。在这一时期不重视培育想象力，长成之后未免"先天不足"。

想象力就植根于阅读的过程。

在儿童接触世界并开始无尽的想象时，要尽可能地肯定他的想象的合理性，师长每说出一个"不对"或"错了"，都有可能堵住自由思想，让他误认为每个问题必须有"答案"，"答案"必须"准确无误""尽善尽美""无懈可击"，于是他会认为个人见解无足轻重。

13. 学校教育的目的就在于使学生养成正确的人生观

教育与人生有重要的关系，这种关系主要表现在以下三个方面。

第一是以教育认识自己。所谓认识自己，又包括两个方面：一是认识自我，二是认识环境。

第二是教育革新自己。所谓革新自己，也包括两个方面：一是铲除虚荣心、怠惰心，在个性上扬长避短；二是改变过去的错误观念。

第三是以教育成就自己。所谓成就自己，就是发挥自己的特长，实现自己的人生价值。

14. 读懂学生才能读懂教育

懂学生，才懂教育。读懂学生，才可能给孩子提供最适合的教育，给孩子最好的教育，给孩子最好的人生。

读懂学生，要遵循学生成长的自然规律。

读懂学生，要知道学生喜欢教师什么。

读懂学生，要成为教师的教育追求。

15. 丰富的精神生活才是教育的真谛

学校和教育是跟人性、生命以及性灵、智慧和情感紧密联系在一起的。

在学校里，最重要的，是师生的精神生活的丰富性和广阔性。

学校教育，本质上是一种精神生活，教师的生命和学生的生命在发展和完成中构建一个生命场，并在这个场中诗意地栖居。

苏霍姆林斯基说："我对我们惯常所说的教育教学过程观察越精细，就越确信，真正的学校，即是儿童集体丰富多彩的精神生活，而教育者和被教育者都在其中被许许多多志趣和爱好结合在一起！"

16. 再好的教育也比不上孩子的内力觉醒

所有没唤醒孩子生命内力的教师都是不合格的教师，有时甚至是愚蠢的教师。

人的一生强大与否、成功与否、幸福与否、快乐与否，不取决于他的肢体力量，也不主要取决于他的知识力量，而主要取决于他的心理内力。

人所受的一切教育活动，都是在激活和唤醒人体内的这个巨大电池。如果最终没有唤醒心理力量，一切教育活动就都是失败的。

17. 有好的师生关系才有好的教育

改善师生关系的主导方在教师。

好的关系一定来自更多地相处。

搭建平台构建良好师生关系。

以可选择的课程润滑教学关系。

以学生立场认识师生关系。

调整组织结构保障师生关系。

定期诊断调适师生关系。

18. 非凡的激情才能创造卓越的未来

保持工作激情最重要的方法，就是爱上自己的工作，以自己的工作为荣，与工作谈恋爱。

激情是可以传递和相互感染的，与激情人士为伍。

激情是一种可以融化一切的力量，是一种不断鞭策和激励我们向前的动力。

激情是工作的灵魂。

在所有伟大的成就中，激情是最具活力的因素，成功总是属于充满激情的人。

19. 教育是崇高而伟大的事业，不要干成小买卖

教育是培英育才的事业。教师扛着一副重担，担子的一端挑起孩子的未来，担子的另一端挑起祖国的明天。

教育是塑造灵魂的事业。只有教师的真善美，才能塑造孩子的真善美。

教育是传播人类文明的事业。

大事业需要大胸怀、讲奉献。

20. 生命就是一个在激励中奔向光明的突破历程

只有激励教师才能带来充满激励的教育。

孩子的成长需要呵护，更需要激励鼓舞。

多元激励，发展孩子的个性特长。

榜样激励，培育孩子的追求精神。

情感激励，培养孩子的健康心态。

语言激励，激发孩子的成长动力。

信任激励，推动孩子主动成长。

教育是值得每一位教育者一生去追求的事业，魅力教育探索永远在路上！

做一名有魅力的班主任

教师从事的是根的事业，只有像根一样扎根土地，努力吸收大地的营养，才会根深叶茂、开花结果。教师的魅力，就是教师用高尚的人格，天际般宽容的心胸，明镜般赏识的眼神，去雕琢孩子的心灵，唤醒学生美好的梦想，从而促进学生健康、持续、快乐地成长。班主任应该充满阳光，要用自我的美好去激发孩子内心的闪光点，在他们的心灵里播撒阳光，使其折射出绚丽的七彩云霞，而这缤纷的颜色同样会使我们的生活绚烂无比！做一名有魅力的班主任，是每一名班主任共同的愿望。那么，怎样做一名有魅力的班主任呢？

一、做一名有先进理念的班主任

对每一名老师来讲，你的学生可能在你的班级里是几十分之一，但对每一个家庭来讲，这个孩子就是百分之百，就是父母头顶上的一片天！

给每一个孩子提供公平而有质量的教育，应该成为班主任的教育追求。教育公平是社会公平的重要基础，是最基本最重要的公平，是实现社会公平的奠基工程。无论孩子个性发展怎样，学业基础怎样，来自哪里，来自什么样的家庭，应一律享受到平等的优质教育，让孩子在生命的起步阶段、在童年时光，充分感受到公平带来的愉悦，也为孩子们走向社会埋下公平、正义的种子。

激励赏识教育，应该成为班主任坚定的教育方式。成长中的学生一定会存在种种问题，如何将问题转化为发展的机遇，如何在问题中实现成长，需要教师的艺术与智慧。不要过多纠缠孩子的问题，而是要给他们多搭建成长的舞台，让其展现出特长，善于发现他们的闪光点，激励优秀，让其自我反思，在自我教育反思中主动成长。

关注孩子的精神成长，促进精神的不断发育，应成为班主任的教育使命。要精心策划每周的主题班会，让班会成为学生精神动力的加油站。一次班会，一次精神的提振超越，一次心灵的对话洗涤，一次激情的生命体验，促进生命的高质量、连续性生长。

二、做一名有语言魅力的班主任

班主任工作的主要手段之一是通过语言对话开展教育引导，促进学生成长。教师的语言水平直接影响到班级教育的质量和效果，关系到学生思维能力的提高，影响学生的语言表达能力和语言的规范化，甚至关系到学生审美能力的培养。从这个意义上说，班主任的魅力，很重要的一方面在于其语言的魅力。做有语言魅力的班主任不仅需要思考说什么，还需要思考怎么说。

班主任语言的"有理念、有激情、有温度、有节奏、有文采、有智慧"，把班级氛围带入人性、温情、雅趣、享受的佳境；班主任"会激励、会概括、会比喻、会推理、会风趣、会评价"，将班级精神推向进取、科学、超越、挑战的高地。练就一副好口才，让语言的魅力感染学生，帮助学生实现快乐成长。

三、做一名有和谐关系的班主任

教育学首先是关系学，要想有好的教育，一定要有好的关系。当人与人的关系和谐、充满温情、心怀敬意、彼此包容、互相信任、相互支持时，人才会聚合，才有人气，才会形成强大的力量，去战胜困难、去创新超越、去攀登高峰。良好的师师关系、生生关系、师生关系是师生幸福工作、学习、生活的催化剂。同时，只有教师、家长、学生三方配合，关系和谐，才能更好地实现育人的目的。现代教育，以人为本，学生是人，教师同样是人，教育的初衷不是以一类人的牺牲来造就另一类人的幸福，而是相互促进，共享幸福。

温馨的师师关系助推教师幸福工作。班主任要成为班级任课教师的纽带，更好地服务各学科教师的工作，发挥各学科教师的聪明才智，展示各学科教师的教育力量，凝聚各学科教师的整体智慧，推进班级教育工作不断跨越新台阶。

温和的生生关系促进学生幸福发展。如果同学之间关系融洽、亲密、赏识、包容，彼此特别信任、关爱，相互传递着善良、美好，团队激情向上、热情洋溢，就能更好地促进每一个孩子的幸福发展。反之，就会影响甚至阻碍学生的成长。教师要用心创建班级同学的关系文化，使他们学会相处、相互尊重、彼此关爱，让每个孩子都有好"人缘儿"。

建立朝向共同目标的多维和谐关系，促进教育幸福前行。一定要致力于统一目标，而不必奢望统一思想。班主任要有崇高的理想与追求，要确立班级建设的宏伟目标。始终走在崎岖、坎坷的道路上，但却会朝着统一目标往前走，当走出一条阳光大道的时候，自然会赢得教师、家长、学生的支持，最终也就会形成教师、家长、学生之间相互信任、彼此理解支持的关系，形成一种新型多维和谐关系，让班级的发展进入良性循环的轨道，让班级教育引领学生幸福前行。

四、做一名内涵丰富的班主任

班主任应有怎样的内涵？

一要有"德"。德，是做人的根本，更是为师的关键。教师修德养性，这是做人的需要，事业的需要，家长的希冀，更是"有内涵的教师"必备的人格底色。修德养性，就要做到宠辱不惊，不以物喜，不以己悲，拥有平和的心态；悦纳他人，融合共生，建构良好的人际关系；"上善若水，厚德载物"，拥有至真、至善、至美、至爱的博大情怀。

二要有"识"。识，知识、学识、见识。作为班主任，知识要广泛，要能满足促进学生全面发展的需求；学识要专业，具备专业知识、专业思想、专业技术、专业眼光等；见识要独到，既要有专业的思维，又要有独特的智慧，看得远、想得深，不人云亦云，不随波逐流。

三要有"心"。心，爱心、责任心、恒心、平常心。作为班主任，对学生要有爱心，"幼吾幼以及人之幼"，用海纳百川的博大和宽容之心去包容千差万别的，甚至差异不啻于霄壤云泥的莘莘学子；对工作要有责任心，崇高的教育事业值得教师一生去热爱，最美乡村教师徐其军的十多年坚守，既是师德的接力传承，也为我们提供了一个鲜活的责任心蓝本；对教育过程、教育科研要有恒心，行百里者半九十，许多人跋涉至成功的边缘，却又功亏一篑，对一个教师的成长来说，坚韧不拔的意志力尤为重要；此外，凡事要有平常心，淡泊名利，既要有木秀于林的万丈豪情，又要有甘于沉潜的从容淡定。

"身教重于言教"。孔子说过："其身正，不令而行；其身不正，虽令不从。"身体力行，从小事做起，是一个貌似容易，却难以做到的自我要求。我们这个时代的人，并不缺乏认识，缺乏眼光，而是缺乏真正从自身做起，从小事做起。当每天要求学生按时到校不准迟到的时候，教师是否也存在迟到的问题呢？

因此，作为一名班主任，应端正自己的思想，纯化自己的灵魂，立德树人，从小事做起，从身边做起，从自己做起，率先垂范，时时、处处、事事做学生的楷模。只有这样，教育才能达到春风化雨、润物无声的境界。作为一名担负着既教书又育人双重使命的班主任老师来说，自己的一言一行、一举一动势必都将落入学生眼中，成为学生效仿的对象。因此，班主任平时要注意自己言行举止的规范化，使学生潜移默化地受到熏陶和影响，真正做到学为人师、身正为范。

五、做一名善于创建班级文化的班主任

文化的字面解释可理解为以文化人。冯骥才说："文化似乎不直接关系国计民生，但却直接关联民族的性格、精神、思想、言语和气质，抽出文化这根神经，一个民族将成为植物人。"班主任要成为一个文化人，善于吸收人类的文明成果，要注重吸收中华文化的精髓，要高度重视班级文化建设，修身养性、以文养心、以文化人，让文化成为一种力量，促进学生的健康、持续成长。教育不是冰冷的分数，不是机械的训练，不是空洞的说教；教育是关爱，是呵护，是宽容和忍耐，是坚守和期待，是精神的成长、内力的觉醒、文化的浸染。

下面是我主管高三工作时一个班级文化建设的案例。

创设集体优良文化，培养人文情怀

1. 心理层面："联合竞争型集体"

一个人人都能得到发展的集体，应该是这样一个集体：由有价值、有个性、有潜质的个人组成的联合体。人人能从他人那里获得善意的劝诫和积极的评价，从而悦纳接受、提高完善自己，并因此更好地悦纳接受他人，促进自己和他人的共同发展。

2. 制度层面：从"人治"到"法治"

不仅为学生提供评定品格行为的内在尺度，而且使每个学生时时都在一定的准则规范下自觉地约束自己的言行，使之朝着符合班级群体利益的方向发展。学生在制定班级规章制度时，赋予制度以文化色彩和人文气息。科学的制度和管理使我们的集体不再是"人治"而是"法治"。

3. 价值层面：培养人文情怀，丰富精神世界

创造优良的班级文化，培养人文情怀，丰富精神世界，才能更全面地提高生命的质量。怎样既关心成绩，更关注成长？我们首先打造班级精神。我们为人为学，重业重行，培养责任意识、合作意识、文化意识、健康意识

等，营造优良文化氛围，培养人文情怀。

（1）人文情怀：

珍视自己，发展自己；

关心集体，悦纳他人；

不畏艰险，乐观向上；

体味成长，承担责任。

（2）责任意识：

珍惜自我，发挥潜质；

我爱×班，×班有我；

明辨是非，泱泱正气；

承载希望，成就梦想。

（3）合作意识：

与人为善，宽容感恩；

善于倾听，理解尊重；

合理表达，民主集中；

遵守规则，利他利己。

（4）学习意识：

坚持坚韧，管理梦想；

利用资源，反思升华。

（5）六心教育：

信心、恒心、开心、关心、平常心、感恩心。

（6）六科发展：

消灭弱势、达到平均、扬长优势、得失分析。

（7）健身意识：

WHO（世卫组织）标准、两操体活。

4. 整体设计整个学年的主题班会

（1）理想篇：

被规划好的理想；

我的青春我的梦；

梦想的力量；

你我谈高校，铿锵上征程；

拨动心上的弦。

（2）现实篇：

感动×班；

让我们把热烈的掌声留给老师；

书里人生；

我们永远在一起；

健健康康上大学；

实践出真知；

做一个文明的、成功的高三学生。

（3）超越篇：

心似平湖；

蓝色风信子的花语——恒心；

心存荣辱，情系中华；

一起吃苦的幸福；

发光并非太阳的专利——你也可以；

让我们的明天充满斗志；

习惯——专注；

学海无涯×作舟。

（4）追梦篇：

德才兼备，成就幸福；

阅读好书，改变命运；

别让人偷去你的梦；

感悟生活，提升境界；

我要飞得更高；

班级中最令人感动的人。

这个班级的高考成绩获得重大突破，更重要的是这个班级的精气神被彻底激发，真善美被全面塑造。这个班级的学生已经高中毕业十余载，但仍然表现出强大的集体凝聚力，每年春节前后全班同学集体回母校看看、拜望班主任与任课教师。他们回味当年的高三生活，感人至深、催人奋进的故事栩栩如生，他们不仅收获了高考的优秀成绩，更重要的是他们已成为有文化自信、内心强大、精神充盈、身心健康的中国人。

今天的班主任工作需要创新前行，需要着眼于孩子的终身发展，努力把孩子培养成更立体的大写的"人"。

让主题班会充满教育魅力

　　班主任对于班级的管理，既要讲究科学，又要讲究艺术。讲究科学，就必须从实际出发，从学生身心发展的特点与成长的规律出发，建立起有效的班级管理制度，为所有学生营造一个良好的身心发展氛围；讲究艺术，就必须认识到，班主任管理工作并没有固定的模式，需要理性思考、整体思考、创新思考，让管理充满着智慧与艺术。做好班主任工作，不仅体现在平时的教学和学生的日常生活中，更在于开展集中性、针对性的整体教育，而主题班会就是其中一条重要的渠道，它是培养学生文明行为习惯、健康心理素质以及良好道德品质的重要阵地。但有的班主任把班会课上成了简单的思想教育课，大道理从上课讲到下课。还有的班主任则把班会课挪用来讲书本知识。这是对班会课的价值追求、育人使命的背离。

　　作为一种集体性教育，主题班会课往往承载着塑造真善美、激发精气神、培育责任感、提升凝聚力、增强内驱力的任务。开好主题班会，班主任需要有教育理想、先进理念、文化内涵、时代气息、民主精神；需要发挥师生双主体作用，调动起学生的积极性；需要登高望远、目标明确、科学谋划、整体设计；需要敏锐地捕捉到班级里存在的问题；需要注意教育的技巧与艺术，摒弃枯燥无味的说教，让班会课的形式与内容润物无声般地影响孩子，在潜移默化中构建起班级的精神引力场，促进整个班级风气的好转，带来班级人际关系的和谐，激活班级发展的动能，促进学生的持续、全面、健康成长。

一、让设计凸显创意

主题班会有独特的价值与使命，是最为重要的德育课程，学校领导、年级组长要把主题班会作为德育的重要抓手，全局性、系统性、创造性地抓好这项工作，让每周的主题班会成为学生成长动力的加油站，唤醒学生的内在自觉，激发学生的内在动能，促进学生的健康成长。班主任要把上好班会课作为自己的一种教育使命，履行职责、激情创新、理性思考、科学设计、全面育人，让每一堂主题班会课都留下美好的童年回忆，把握生命的正确方向，记录成长的精彩故事。

班会课应该有基本课和随机课两种课型。基本课，由班主任根据教育目标、教育要求精心设计和实施，主要是对学生进行文明规范的教育，传播优秀的文化，点亮生命的激情，创建班级的精神，每学期10节左右。随机课，由班主任根据教育的中心工作、阶段工作、班级实际、学生实际精心设计和实施，主要是对学生进行人生选择的教育、问题驱动式教育，尊重个性发展，反思成长问题，凝聚班级力量，打造班级特色，每学期也是10节左右。这样一来，基本课进行文明规范的教育，培育精气神，随机课进行人生选择的教育，塑造真善美，两者相得益彰、和谐发展。

每次的主题班会，要设计新颖、充满生机、震撼人心、催人奋进。我常常跟学生们说，如果我们不能为自己留下一些让自己热泪盈眶的日子，那么日子就白过了。班主任和学生朝夕相处的日子是心心相印的日子，但是有的人过得很充实很幸福，有的人过得很琐碎很苦恼。如果我们有一个伟大的梦想，有一颗博爱的心，我们就一定能把琐碎的日子堆砌起来，变成一个伟大的生命。希望每一个班主任、每一个学生都能把自己每天平凡的日子堆砌成伟大的人生。

不过，由于学生成长是动态的，同时每一届学生的性格特点、思想发展甚至时代影响都不尽相同，很多预计不到的事情或问题会随机发生。班主任要有关注时代的前瞻性、捕捉信息的灵敏性、剖析问题的深刻性、创新设计的灵动性，让主题班会的设计充满时代性、针对性、趣味性、活动性、价值性、激励性，让每一次班会都成为一次有意义的生命旅行，走过昨天、把握今天、憧憬明天。

二、让课堂成为节日

节日，是世界人民为适应生产和生活的需要而共同创造的一种民俗文化，是世界民俗文化的重要组成部分。节日是生活中值得纪念的重要日子。各民族和地区都有自己的节日。重视中华传统文化，就应该让传统节日更具仪式感和生命力。

比如腊八节，按照老一辈的说法，"年"从这一天就算拉开了大幕。"数九寒天，冷在三九"，腊八正值最寒冷的三九天，这时候来上一碗热气腾腾的腊八粥，实在是一件既美味又养生的好事。腊八吃粥，忆苦思甜；腊八上香，幸福安康。愿古老的、民族的习俗和文化能很好地传承下去，越来越有特色和底蕴，越来越有仪式感和生命力。

班主任要重视仪式的教育作用，为学生的成长导航，促进学生的健康发展。班主任可以利用或创设各种仪式来培养和增强学生的仪式感，改变学生学习的状态，进而强化学生的学习积极性和主动性。甚至有人认为："仪式感让人对自己负责，对社会负责，对生命负责，这自然就会让人高雅起来。"教育仪式的意义感、庄重感、认真感、紧张感、在场感和参与感等多种感觉元素，彰显学生的存在感、使命感、自豪感，助力学生内力爆发、主动生长。

很多学生在走进学校的第一天心情很激动，怎样才能把这种心情保持下去呢？分享一个案例：

为了给学生一个惊喜，一位班主任准备了一堂特别的班会课：她利用自己刚买的手机录制了学生来学校报名时的视频，并把视频制作成《这就是我》的开学故事。

当视频在教室播放时，同学们叽叽喳喳、交头接耳，各种表情呈现在可爱的脸蛋上。

"那是我，那就是我！"

"看，我在写名字！"

"你站在那儿，快看！"

……

学生激动的情绪随着视频播放被不断调动起来，整个课堂洋溢着喜庆的气氛，就像一个重大的节日。视频里，有的学生写名字很仔细，一笔一画；有的学生东张西望；有的学生不停地转动着手中的物件；有相互讲话的，也有沉默发呆的……整个20分钟的视频，就像一场讲述开学故事的微电影。

这位班主任将班会课主题定为"开学节"，分成三个阶段。

第一个阶段是班主任的演说：蓝天白云之所以美丽，是因为高远；深山密林之所以迷人，是因为高深；黄河长江之所以壮观，是因为高昂；我们之所以开心，是因为看到视频中的自己……

第二个阶段是集体观看开学故事《这就是我》。这是一个美丽而幸福的时刻，为了精心营造这种氛围，班主任给视频配上了《相逢是首歌》的背景音乐。开学第一天，不仅开心而且感动——在这个班真好！

第三个阶段是班主任邀请学生自由发言。

"刚过完史上最长的羊年暑假，今年又是'中国人民抗日战争暨世界反法西斯战争胜利70周年'，请大家谈谈自己的感受吧。"

同学们争先恐后举手踊跃发言，情真意切、吐露真言、令人感动……

这样的班会课，给学生留下了美好回忆，班会真像过节一样，让学生在激动、感染、浸润、体验中幸福成长。

三、让体验促进发展

"体验式"教育是教育者依据德育目标和未成年人的心理、生理特征以及个体经历创设相关的情景，让未成年人在实际生活中体验、感悟，通过反思体验，内化形成个人的道德意识和思想品质。未成年人在各种体验中主宰自我，修正自己，在与人交往中，在日常行为中，去体验，去感悟，去构建社会与时代希望他们拥有的爱国情怀、民族精神、集体意识。"体验"的"体"，意为设身处地、亲身经历；"验"，意为察看感受、验证查考。体验具有过程性、亲历性和不可传授性，是充满个性和创造性的过程。从心理学角度讲，体验是"理智的直觉"，是建立在个体"内部知觉"基础上的一种特殊活动，它总是与个体的自我意识紧紧相连。一个人在成长过程中，需要亲身经历，亲自验证，才能获得科学知识，养成道德品质，掌握技能。

一堂好的班会课，是一次师生生命的洗礼、灵魂的升华，是达成师生心灵交融的最佳契机，是纠偏导正净化舆论的最佳氛围，是明辨是非、坚定核心价值的最佳场合。分享一个案例：

班会主题为"团结、发现、分享、温暖"。

班主任带领主题班会设计项目组的同学进行了创新思考，班会分为四个主环节，即"同舟共济""优点轰炸""经验分享""松鼠找家"。

课堂由两位同学主持，每一个环节，都是每个小组（每组4人）展开多维度的发散性讨论，人人参与发言，小组分享交流，主持人最后概括得出结论。

"同舟共济"环节，同学们领悟到团结就是力量，一个团结奋进的班集体才能活力无限。

"优点轰炸"环节，同学们学会发现他人之美，欣赏他人之长，与发现牵手，与成长同行。

"经验分享"环节，同学们懂得了经验需要总结提升，分享促进共同成长，充分感受到分享的价值与共同发展的意义。

"松鼠找家"环节，同学们认识到集体归属感的重要性，努力建设班级幸福之家。

最后班主任高度肯定同学们积极参与班会的热情，赞美两位主持人的精彩表现，并鼓励同学们在以后的主题班会体验中能获得更好的成长。班级是同学们共同的家，我们一起建设它。班主任在同学们分享交流的成果、两位主持人概括的结论的基础上，进一步凝练全班同学的讨论成果——"团结就是力量，发现带来惊喜，分享促进发展，家和万事兴旺"。这是全体同学的集体创造、共同心声，也将成为班级建设的价值追求与行动指南。

四、让成长可以回味

教育是一种手段，但更是一个过程，是师生生命相伴成长的过程。如果生命的成长没有深刻的印迹，如果宝贵的校园生活没有留下可以回味的故事，那么人生就显得苍白、暗淡。而有创意的班会犹如班级发展历程中的一个个连接点，在培养学生良好道德和塑造优秀班集体方面，具有非同寻常的意义。

针对班级学生存在的一些共性问题，班主任应该把主题班会当作本学期的重要工作去认真对待、系统规划、精心准备。每一次主题班会，都要带领学生研讨交流，拿出方案，定好流程，然后再实施，会后要总结和完善。这种"精品意识"，使班主任和孩子们的相伴历程深刻、富有教育意义，值得品味，值得深思。分享一个案例：

给学生一个永远的感动

感动班级十大人物评选，是我班最重要的奖项。在近几年的工作实践中，我发现"三好学生"的评选已经呈现出很多弊端，其中很明显的一条就是它多针对个人表现，而不利于学生合作精神的培养，不利于激发学生为班级做贡献的团队精神。为此，我们借鉴中央电视台"感动中国十大人物"的颁奖模式，开始了这个活动的筹划。

每学期末的那个班会，是我们班最热闹、最隆重、最激动人心的时刻。我和孩子们早早把教室装饰一新，彩灯高挂、彩带飞扬、歌声悦耳、鲜花怒放，大家耐心等待着家长们的到来……

"我们班有一个女孩，爱说爱笑爱运动，爱写爱唱爱学习。她深知作为一个学生的责任，她把老师的关心、父母的希望，都化作奋力拼搏的力量。她用最优异的成绩让同学羡慕，也给父母、老师献上了一份真正的厚礼！她就是班长郑晓玲！"……老师庄重地宣读颁奖词后，伴随着激动人心的领奖曲，一个个受表彰的孩子手携家长走上讲台。意义深重的证书（全班同学共同设计并签名，所有老师都有寄语，凝聚了全班同学的心血与信任）、老师满含信任与期待的目光、同学们热烈的鼓掌……让每一个受奖的孩子终生铭记。

"不是你不努力，只因过去没有好好珍惜。知道自己有差距，所以你锲而不舍地坚持！绳锯木断，水滴石穿，大凡事业成功者，都是如你一样面对一次次失败，坚定地说：我决不放弃！你放心，老师和同学都为你加油，都为你欢呼！有请刘玉伟！"玉伟简直不敢相信自己的耳朵，在许多同学的提醒下，他终于确信老师说的确实就是自己。其实，不仅玉伟自己不相信，大多数学生和家长也不相信。怎么可能是他？他可是次次考试都是倒数第一啊，从小学到现在，从没有受过什么表彰或奖励。当因激动而有些不知所措的玉伟拉着爸爸的手走上讲台，从我手中郑重地接过证书，父子俩竟相拥而泣。时间好像已静止，热闹的教室一下子安静下来，许多家长和孩子也禁不住流下了眼泪。

新学年分班后，我不再教他。但我们师徒见面都是伸出右掌，用力一拍，相视一笑。种瓜得瓜，种豆得豆，播下希望的种子，它就一定会生根、发芽、开花，收获奇迹之果。

每个人的成长都会经历春夏秋冬、体验酸甜苦辣的过程，没有坎坷，不是人生，不经困难，难以成长。不是每一朵鲜花都开在春天里，成长有自身的规律，有属于自己的时区。成长有一个过程，成长需要呵护，书写成长的故事，让成长值得永远回味。

五、让班会充满魅力

今天的学校教育，越来越凸显这样一个事实：班会课具有极其重要的价值与使命，对班会课的研究与探索已经成为学校德育工作的重要突破口，成为立德树人的重要阵地。"打造魅力班会课"成为我校行动的响亮口号和实践写照。怎样使班会课富有魅力，如何真正让班会课成为学生发展的助推器呢？

1. 精心选题，直击学生心灵

选题新颖、触及心灵，关注学生成长的主题使班会课富有魅力。玉树地震、舟曲泥石流、云贵干旱，学生们为同龄人揪心，为父辈担心，为祖国焦心；党的十九大、一带一路、博鳌论坛、高铁领跑、互联网雄起、量子通讯、北京奥运、上海世博、广州亚运，学生们为健儿加油、为志愿者歌唱、为祖国欢呼。

2. 智慧驱动，凸显学生主体性

精心设计，搭建师生舞台。班会课是师生共同的舞台，方案一起设计，难题共同讨论。教室布置、节目准备、讲稿考虑、细节推敲，每一次班会课上丰富多彩的活动凝聚了师生共同的心血、共同的努力。

在现实的主题班会课中，有的教师往往怀疑学生积极的探索精神和实践能力，对他们事事不放心，因而大包大揽。班会课的主题由教师拟定，内容由教师确定，方案由教师设定，过程也由教师掌控。在"包办代替式"主题班会中，学生的主体性地位被班主任无情地剥夺，教师成了主角，学生成了配角，学生成为教师手中摆布的"木偶"。殊不知学生的创造力是一座采之不尽的金矿。你给他一张纸，他就可以画出最美的图画；你搭起一座舞台，他就能跳出最美的舞蹈。组织主题班会，开始可能会出现一些这样那样的问题，我们绝不能因噎废食，让同学们失去锻炼和提高的机会。班主任要用智慧驱动，让师生双主体作用得以充分发挥。

3. 丰富多彩，生动、活泼、有趣

形式多样、趣味活力、易于操作的活动使班会课富有魅力。激情飞扬的歌唱、抑扬顿挫的演讲、唇枪舌剑的辩论、感动心灵的汇报，学生学习锻炼，抒发心声，展示身手，在班会课中成长。

4. 思想敏锐，彰显时代性

提起主题班会，也许有人以为就是就某个问题，让大家发表一下意见，然后班主任做总结，如此而已。其实这是对主题班会的片面理解，时代在进步，社会在发展，主题班会的内容和形式也应随之不断更新和发展。一方面，青少年学生思想敏锐，求新求异，过时空洞的说教容易让学生厌烦，甚至产生逆反心理；教育是开放的，学生生活在一个时代中，他们应该了解世界上正在发生的大小事件，不断感受这个时代的气息，认识这个时代的特点。了解时代，才可能紧跟时代，也才可能培养这个时代所需要的人才。

5. 入情入理，智慧精彩点评

班级例会上班主任入情入理的分析，班级活动中班主任细心的观察、激情的投入、精彩的点评，主题班会课上班主任智慧的讲述，都使学生难以忘怀。

6. 面向全体，注重激励性

关注每一位同学的心灵感受，给每一个孩子提供公平而有质量的教育，助推每一个孩子的成长，是教育的重要使命。班主任对学生要真正地尊重、真正地成全、真正地关注；班主任要心怀真爱，让学生在爱中成长，在爱中懂得爱、珍惜爱、理解爱、学会爱、付出爱，在教育的过程中生发出不竭的爱；班主任要善于关注每一个学生，善于激励每一个学生，善于发现每一个学生的优点，善于观察每一个学生的积极行为，激励自信心，助推学生的自信成长。

7. 集体备课，凝聚团队智慧

班主任是班会课的总策划。在班主任专业化发展的大背景下，班主任要成为学生成长的人生导师，应精心设计每一节班会课。作为班主任，要让班会课富有魅力，必须加强集体备课。"众人划桨开大船"，集体的力量是无穷的。问题研讨，智慧撞击，集思广益，凝聚智慧。

在集体备课中，关注问题研究。怎样选材？怎样调动学生的积极性？怎样发挥任课老师的作用？怎样写好班会课教案？……对这些常遇到的问题，还需要进一步细加分析。

在集体备课中，给予主题班会最佳解决方案。所谓"最佳"，指在某一时段内应是最好的。反复讨论，几易其稿，结合班会课的实践，形成最佳方案。比如怎样开展青春期教育，就这一话题开展备课组的深入探讨交流，最后形成比较成熟的班会课方案。

在集体备课中，寻找学生成长发展的规律。要认识到从学生的成长过程中寻找发展规律，形成相对稳定的班会课内容，从而构建班会课的基本课。班会课的基本课研究将改变班会课的随意性、无序性，体现教育的主动、积极、有序、有效，有力地推进德育课程化研究。

怎样使班会课更具魅力？关键是对教育理想的坚定追求，对学生成长的热切期盼，对教育实践的深入探究，对祖国未来的无限热爱。主题班会不仅要在内容和主题上要做到有针对性、教育性，而且在形式上要讲究智慧性、艺术性。潜力研究、面对挑战、努力探索、立德树人，让主题班会与时俱进、形式多样、绚丽多彩、魅力无限。

PART 2

第二辑

觉知教育常识与坚守

努力追寻理想的教育

什么是教育？教育不仅仅是一个词，而是像爱和友谊一样，存在于富含情感的亲身体验中，存在于极其具体的真实的生活情境中，存在于我们每天与孩子对话的情境中，与孩子在一起的生活中。言语和动作都富含教育的意义。每一位教师、家长在孩子身边所表现的行为都具有教育性。教育的个性决定教育的过程充满了不确定性，它不是依葫芦画个瓢。教育的复杂性决定教育不能像地图那样都标得清楚，从这里出发，一定会抵达目的地。教育的价值决定教育需要重新回到原点，找回教育在人的发展中启迪、召唤、激励、点化、引领的作用。真正的教育，应该是"润物细无声"的教育：走进人的心灵，"当春乃发生"，蹲下去和孩子说话，耐心听孩子把话讲完，用心为每个孩子铺设成长之路……教师要努力提升自己的专业品质，敬业、乐业升华为一种职业精神，努力让自身散发"清正雅和、高贵魅力"的教师神韵。

教师要用教育的智慧滋润每个学生。没有哪个方法可以适用所有的教育情景，这是教育永恒的挑战。但我们对教育的信念却可以让我们从容而坚定，因为，也许无法做到喜欢每一个学生，但一定要尊重每个学生；也许无法做到让每一个孩子都优秀，但一定不要放弃任何一个孩子；也许不能让每个学生都得高分，但一定要让每个学生拥有成功的体验和成长的自信；也许不能使每堂课都变得生动精彩、充满魅力，但一定要尽心尽力去准备好每一节课，让每一堂课都有所收益；也许并不能解决学生成长中的每一个问题，但一定要保护好学生的学习热情和探索欲望。

什么是理想的教育呢？也许我们很难给予周全的描述，但是我们可以非常肯定地说，如果一个人从来没有感受人性光辉的沐浴，从来没有走过丰富而美好的精神世界，从来没有读到一本令人激动不已、百读不厌的读物，从来没有苦苦探求过一个问题，从来没有刻骨铭心的经历和体验，从来没有对自然界的多样和和谐产生深深的敬畏，从来没有对于人类所创造的灿烂文化发出由衷的赞叹……他就没有受到过真正的良好的货真价实的教育。

一、我心中理想的教育

（1）理想的教育，能够激发师生的精气神，塑造师生的真善美。

教育是为了促进每一个个体生命的健康与快乐成长，为把每一个孩子培养成为适应未来社会并能改造未来社会的人才打下基础，为他们幸福地度过一生润好生命的底色。人的全面成长需要精气神，社会的和谐发展需要真善美，学校的教育工作要努力激活师生的精气神、塑造师生的真善美。

（2）理想的教育，能够给教师提供专业成长的巨大空间，促其不断追求教育理想。

教育的过程就是一个不完美的人引领着另一群不完美的人去追求完美的过程。也许我们始终只能在现实与理想之间徘徊，然而，我们眺望着理想的高地，我们不屈服于现实；我们也会有暂时的休憩和沮丧，但我们永远怀着寻找精神家园的冲动，努力前行……让我们更多的教育同仁成为追求理想教育的人，让我们的教育不断走向完美，真正改变孩子的命运，成就孩子的未来。

（3）理想的教育，要真正地培植起孩子的信念、爱心、理想，使其有开放的胸襟，不断地追求生命更高的境界。

信念决定方向。学校教育要积极践行社会主义核心价值观，传承中华文化，守护民族精神，强化爱党、爱国、爱人民的情感，增强责任感与使命感。

爱心决定宽度。只有每个人的心中充满爱，这个社会才会变得更加美好。同时，有爱才有教育，有深爱才有理想的教育，拥有广博的仁爱之心，才能为每个孩子提供公平而有质量的教育。有理想才会激情奋斗，有理想才会坚定目标不动摇，有理想才会不断登上生命新高度。

胸襟决定未来。只有胸襟开放、大气大度，才会更好地欣赏他人的成果，包容他人的问题，才会推功揽过，格局高雅，也才会创造更美好的生活，走向更美好的未来！

（4）理想的教育，能够提供适合孩子自身发展的多彩课程，让孩子自主选择，促进孩子主动成长。

每一个孩子都是如此不同，如此可爱。他们带着不同的遗传基因、不同的家庭背景、不同的兴趣爱好来到学校。发展孩子的个性、培养孩子的特长是学校义不容辞的责任。针对学生的情况，开设大量的选修课程，满足不同学生发展的需要，培育学生的兴趣与特长，为孩子的未来职业做准备，这是新时代学校教育的重要使命。

（5）理想的教育，使课堂成为"引力场""思维场""情感场"，最终成为人的"生命发展场"。

今天的课堂最缺的究竟是什么？我认为最缺的是情调、趣味、生机、活力、激情、对生命的赏识，以及推动学生积极探索、主动发展的力量。如果我们的课堂能增加对学生的吸引力，能促进学生思维的多维发展，能不断激发学生的学习情感，能不断激起学生的成长力量，能不断激励学生生命的高质成长，我们的课堂就走向了成功。

（6）理想的教育，营造笑声琅琅、书声琅琅、歌声琅琅的校园氛围。

我们要诠释快乐的意义，让师生感受到快乐，我们要着力提高师生校园生活的质量，学校应该成为舒展心灵、放飞个性的地方，没有那种疲惫感、压抑感、焦虑感，笑声琅琅。我们评价一节课好不好，一次活动成功不成功，有一个非常直观的标准，那就是看学生快不快乐。

我们要创造书香校园，我们的教师要有书卷气，我们要走进学习型团队，我们要培养学生亲近书籍，崇尚学问，使校园书声琅琅。读书要有氛围，阅读要成为习惯，书不一定读得很多，但一定要读得很透，让阅读真正滋润人的精神成长。

学校要培养学生的艺术兴趣，提升学生热爱艺术的品质。一个人可能不会拉小提琴，不会弹钢琴，不识五线谱，这些在我看来不重要，重要的是要有热爱艺术、热爱歌唱的品质。一个爱艺术、爱歌唱的人幸福度较高。歌唱是心灵的阳光，当我们内心有阳光的时候，我们会对别人表现出更多的热情和友善。当我们心中流淌美妙旋律的时候，我们会更有勇气面对生活中的阻碍、失意与困顿。培养学生热爱歌唱、热爱艺术的品质，创建有浓厚艺术的氛围，使校园歌声琅琅。

（7）理想的教育，给孩子一生有用的素养，着眼于培养孩子终身发展的关键能力与必备品格。

十年树木，百年树人。教育就是为人类社会长远发展做好树人的工作，树什么样的人、以什么样的标准来树人，这是教育，也是社会的一个永恒话题。儿童在成长过程当中，在不同的年龄段，需要设计各种不同类型的教育，在这个过程中逐步形成适应个人终生发展和社会发展所需要的必备品格和关键能力，这就是儿童核心素养。这些核心素养是通过学科课程的学习，在某个领域或跨领域的社会实践、动手实践、技术实践等实践活动中逐步形成的。学生在学科学习过程当中，形成了与学科特性相关的核心素养，我们现在也把它称为学生的学科核心素养。比如在高中课程当中应该培养学生具备政治认同、理性精神、法制意识、公共参与这样的核心素养。在语文课程当中，相应地提出了语文的素养，包括语言的建构和应用、思维的发展、文化传承与理解这样的核心素养。在体育课程当中，提出的是运动能力、健康行为、体育品德等核心素养……学生发展核心素养强调的是跨学科的综合能力，强调知识、能力和态度的综合，注重整体性。学生发展核心素养是学生适应当今与未来发展的最关键的一种素养，强化核心素养的提升，真正实现教书育人。

（8）理想的教育，为一个更文明、更美好的未来社会培养健康的人。

教育之道在于要培养什么样的人，教育之道就是以良知、理性、仁爱为经，以知识、科技、创新为纬，造就新一代人格平等、思想自由、精神独立、身心健康、价值观正确的国民。今天的时代是一个伟大的时代，危机和发展并存，挑战和机遇比肩。我们要坚持创新和变革、展现远见和智慧，为教育事业写下更加壮丽的篇章，为未来社会培养更优秀的人才，让他们不仅能适应未来的社会，还能改造未来社会，让这个社会变得更加和谐与美好。

（9）理想的教育，为基本国策的落实贡献力量。

教育的终极目标是为国家振兴、民族强盛育才，教师要站在国家、民族的角度思考教育的问题，在教育中要强化国家意识、民族意识的培养，要努力增强学生的国家使命感、民族自豪感。教育要努力促进全体学生传承文化、敬畏法律、保护环境、热爱生命、可持续发展，要让文化意识、环保意识、法律意识、生命意识深入人心。

（10）理想的教育，尊重与激励每一个生命个体，努力让每一位师生过一种幸福而完整的教育生活。

俄国教育家乌申斯基说过："教育的主要目的在于使学生获得幸福，不能为任何不相干的利益而牺牲这种幸福。"苏霍姆林斯基说："理想的教育是：培养真正的人，让每一个从自己手里培养出来的人都能幸福地度过一生。这就是教育应该追求的恒久性、终极性价值。"师生在为长远的人生与社会理想努力的同时，本身就应该享受幸福的教育生活。这既是对教育终极意义的思考与追求，也是对当下个别的畸形教育提出治疗的计划与行动。教育的质量，不只是分数，而是全面成长，是身心脑的和谐发展，是学习性质量、发展性质量和生命性质量的整体提升，教育是为了让师生过上幸福而完整的教育生活。

二、我心中理想的干部

（1）理想的干部，应该是一个能够清醒认识到自己的价值与使命，具有教育信仰和人本精神的干部。

（2）理想的干部，应该是一个不断追求自己的人生理想和教育志向，具有独特管理魅力的干部。

（3）理想的干部，应该是一个具有海纳百川的宽广胸怀，具有极强的感召力和凝聚力的干部。

（4）理想的干部，应该是一个善于协调上下左右关系，能调动一切可以调动的力量以促进学校发展的干部。

（5）理想的干部，应该是一个善于谋划、注重团结、不畏困难、勇于挑战、创新超越，以优秀管理业绩实现学校新跨越的干部。

（6）理想的干部，应该是一个有文化、有格局、有胸怀、有气量、会欣赏、能包容、讲大局、重人本，能促进团队和谐向上、不断进取的干部。

（7）理想的干部，应该是一个十分重视教育科学研究，并能成为学校教育科研工作出色的组织者和身体力行者的干部。

（8）理想的干部，应该是一个能够给教师创造一个辉煌的舞台，善于让每一位教师走向成功的干部。

（9）理想的干部，应该是一个能够使学校具有优美的自然环境和浓厚的文化氛围的干部。

三、我心中理想的教师

（1）理想的教师，应该是一个胸怀理想、履行使命、充满激情和诗意的教师。

（2）理想的教师，应该是一个自信、自强，不断挑战自我、超越自我的教师。

（3）理想的教师，应该是一个理念先进、师德高尚、方法科学、效果优秀的教师。

（4）理想的教师，应该是一个能善于合作、注重分享、具有人格魅力的教师。

（5）理想的教师，应该是一个心里充满爱心、关注个体、受学生尊重的教师。

（6）理想的教师，应该是一个追求卓越、富有创新精神的教师。

（7）理想的教师，应该是一个勤于学习、不断充实自我的教师。

（8）理想的教师，应该是具有反思与研究精神、不断发现教育规律的教师。

四、我心中理想的学生

（1）理想的学生，应该是品行端正，善解人意，热爱生活，富有理想的学生。

（2）理想的学生，应该是积极进取，善于思考敢于创新，富有自己独特见解和思想的学生。

（3）理想的学生，应该是自信自强，永不放弃，在困难面前和挫折面前永不低头，充满旺盛斗志和乐观精神的学生。

（4）理想的学生，应该是有丰富的精神生活、广泛的兴趣爱好和一定特长的学生。

（5）理想的学生，应该是善于与人合作，善于与人相处，有着和谐的人际关系的学生。

（6）理想的学生，应该是有着扎实的基础，善于学习，勤于思考，有丰富的想象力，掌握科学的学习方法，用较少的时间赢得较高学习效果的学生。

五、我心中理想的家长

（1）理想的家长，应该是把孩子的人格健全、道德完善放在首位，努力培养孩子追求卓越、独立自主、持之以恒、勤俭节约等个性品质和良好习惯的家长。

（2）理想的家长，应该是永远保持年轻心境，懂得把童年、童心还给孩子，让孩子轻松、自由、愉快成长的家长。

（3）理想的家长，应该是善于发现孩子天赋，善于挖掘孩子潜能，善于培养孩子特长的家长。

（4）理想的家长，应该是有着和谐家庭关系，以身作则，一诺千金的家长。

（5）理想的家长，是永远不对孩子失望，决不吝啬自己的表扬和鼓励，决不使用侮辱性批评的家长。

（6）理想的家长，应该是以大朋友的平等身份来对待孩子，而不是以长辈的身份压制孩子和以棍棒的方式来教训孩子的家长。

（7）理想的家长，应该是善于学习，具有教育理性和自觉性，能够善于利用各种教育情景、富有教育机智的家长。

（8）理想的家长，应该是努力配合学校、社区对孩子进行全方位、多层次的教育，从而促进孩子健康、快乐成长的家长。

理想的教育是需要走进孩子心灵的教育。每个孩子的内心都有一个世界，这个世界竟是如此不同。要走进每一个孩子的内在世界，开展心灵深处的对话，是多么的艰难与复杂，是多么需要冷静与沉淀，是多么需要修养与文化，是多么需要耐力与坚持，是多么需要艺术与智慧，是多么需要爱与奉献。

理想的教育是追求师生幸福的教育。追求幸福是人类永恒的追求，"幸福都是奋斗出来的"，"奋斗本身就是一种幸福"。劳动是财富的源泉，劳动也是幸福的源泉。习近平总书记指出，幸福不会从天而降，人世间的一切成就、一切幸福都源于劳动和创造。人民创造历史，劳动开辟未来，奋斗成就幸福。师生团结奋斗、不懈奋斗、勇于奋斗、创新奋斗，就一定创造出充满魅力而幸福的教育。

教育是神圣的事业，教师有对教育事业的执著热爱，对孩子未来的无限期待，对教书育人岗位的矢志不渝的坚守，对教书育人事业的无限激情与努力奋斗，我们就一定能创造出无愧于时代的辉煌而幸福的事业！

教育是追求幸福的事业

　　教育，是教会每个个体追求幸福的事业。我们真正需要建构的是指向幸福的教育，而不是指向成功的教育。在这个世界上不是每一个人都能获得成功，但每一个人都能追寻、体验、享受幸福。德国著名文学家赫尔曼·黑塞曾经写过这样的诗句："人生的义务，并无其他。仅有的义务就是幸福，我们都是为幸福而来。"幸福究竟是什么？幸福就是一种感觉，只要你敞开心扉去感受，幸福就会无处不在……教育生活的点点滴滴都孕育着幸福。教育既要为师生当下的幸福耕耘，更要为师生未来的幸福创造。

一、学校是孩子幸福成长的殿堂

　　孩子的生命不可重复，他们既要创造幸福的未来，也要拥有幸福的当下。幸福的童年并不意味着没有困难、压力和挫折，但只有痛苦、压抑和挫败的童年，一定不是幸福的童年。

　　指向成功的教育难免急功近利。这种功利的教育表现有三：应"试"的教育，只做"题"；应"时"的教育，多做"秀"；应"景"的教育，常做"假"。其实，不独应试教育，其他如获奖教育、获证教育、超前教育、超常教育……也都是功利教育的不同形态。这样的教育必须改变。

　　教育需要转变理念、需要创新推进、需要幸福体验，教育要为孩子一生的幸福奠基。指向幸福的教育需要尊重自然、敬畏生命、立足长远、诗意生活。

1. 在生长中感悟幸福

儿童来到这个世界，就是一个人生命成长的开始。生命成长需要环境、需要营养、需要呵护、需要培育、需要陪伴。生命成长有其本身的规律，要尊重规律，促其自然生长。当儿童带着好奇来到学校，学校究竟应该提供什么样的教育？我想，学校教育首先要唤起孩子对生命的热爱，对学校的热爱，对生活的热爱，让孩子体验到成长的幸福。

教育即生长，生长就是目的，在生长之外别无目的。这个论点由卢梭提出，而后杜威做了进一步阐发。教育即生长言简意赅地道出了教育的本义，就是要使每个人的天性和与生俱来的能力得到健康生长，而不是把外面的东西灌输进一个容器。用功利目标规范生长，结果必然是压制生长，实际上仍是否定了教育即生长。懂得了教育即生长的道理，我们也就清楚了教育应该做什么事。比如说：德育是要鼓励崇高的精神追求，而不是灌输规范；智育是要发展好奇心和理性思考的能力，而不是灌输知识；体育是要强身健体又健全心理，而不是灌输技能；美育是要培育灵动又丰富的灵魂，而不是灌输技艺。

人们即使承认了教育即生长，也爱给生长设定一个外部的目的，比如将来适应社会、谋求职业、做出成就之类，仿佛不朝着这类目的的努力，生长就没有了任何价值似的。生长本身没有价值吗？一个天性得到健康发展的人难道不是既优秀又幸福的吗？

儿童不是尚未长成的大人，儿童期有其自身的内在价值。如果用外部功利目的来规范教育，无视生长本身的价值，一个最直接的负面影响就是否定儿童期的内在价值。这会把儿童看作一个未来的存在，一个尚未长成的大人，在长大成人之前似乎没有价值。于是教育的目标就变成了使儿童为未来的成人生活做好准备。这种荒谬错误的观念由来已久，而且流传极广。

长大成人的提法本身就非常可笑，仿佛在长大之前儿童不是人似的！蒙台梭利首先明确地批判这种观念，在确定儿童的人格价值的基础上建立了他的儿童教育理论。杜威也指出，儿童期生活有其内在的品质和意义，不可把它当作人生中一个未成熟阶段，只想让它快快地过去。这种思想是对儿童自然成长的藐视，是对儿童生命价值的背离。

教育要努力关注孩子的自然生长、情感体验、内在幸福，在生长体验中激发起对生命、生活的热爱，享受成长的幸福，让童年生活留下最美好的记忆，憧憬着美好幸福的未来。

2. 在魅力课程、魅力课堂中感受幸福

每一个生命的个体都是如此不同，每一生命个体都应该得到尊重与激励；每一个儿童的成长都有其自身的规律与天性，促进其自然、自由、自觉、幸福地成长是教育工作者的天职。

学校课程的丰富性决定了孩子发展的选择性与多元性。每一所学校在开齐开足国家课程的同时，还必须结合学段、地域、男女性别、个性特点，开设丰富多彩的选修课程，引导孩子自由选择。有自由选择，才有更主动的成长；有自由选择，才能更好地激发成长的动力。丰富课程、拓宽思路、激发兴趣、培育爱好、发展特长、丰富生活，让孩子快乐学习、幸福成长。

课堂的趣味性决定了孩子成长的自觉性与发展性。我们的课堂最缺少什么呢？是缺少知识吗？许多老师专业厚实，传道授业。是缺少方法吗？许多老师讲练结合，循序渐进。是缺少责任吗？许多老师已经是努力工作，默默奉献。我们感觉到，学生的学习是基于教师、家长的要求、推动、逼迫，在这种状态下，学生学习始终处于被动状态，没有走向主动发展、创新发展。其实，课堂最缺的是什么？我认为最缺的是情调、趣味、生机、活力、激情，对生命的赏识、对真善美的唤醒、对精气神的提振，尤其是推动学生主动发展的力量，如果我们的课堂能够找回这种力量，就是课堂最大的成功。

我校魅力课程、魅力课堂的构建，基于尊重学生的自然天性、成长规律，激发学生的内在动力，努力让教学迸发绚丽多彩的魅力光芒，让学生在激情快乐、趣味幸福中学习成长，从而推动学生在独立学习、合作学习、探究学习、分享学习、迁移学习、总结学习、系统学习中主动成长、创新发

展，让学习成为学生生命成长本身的需要。魅力课程、魅力课堂构建的关键就是增加其吸引力、趣味性，给童年的生活带来快乐与幸福。

人生的各个阶段皆有其自身不可取代的价值，尤其是儿童期。儿童阶段是身心生长最重要的阶段，也应是人生中最幸福的时光，教育所能成就的最大功德是给孩子一个幸福而有意义的童年，以此为他们幸福而有意义的一生创造良好的基础。然而，今天的普遍情形是，整个成人世界纷纷把自己渺小的功利目标强加给孩子，驱赶他们到功利战场上拼搏。而实际上，在若干年后的社会中，童年价值被野蛮剥夺的恶果就会以可怕的方式显现出来。

我们的教育一定要尊重儿童独特的生命价值，要敬畏儿童生命的每一步成长，要留给儿童美好的生活回味，激发起对未来生活的向往与热爱，为这个社会的和谐培育文明幸福的人，让每个人都能快乐幸福地度过自己的一生。

3. 在学习与体验中享受幸福

幸福究竟是什么？不同的人有不同的理解。学校应该开设校本幸福课程，它是生命教育的一个重要组成部分，让儿童知道幸福的真正含义是什么，如何去感受幸福、体验幸福、享受幸福、创造幸福。

在学校里，儿童们享受着国家提供的免费教育、优质教育，沐浴着阳光、体验着温暖。祖国，是一团火，正熊熊燃烧，温暖着华夏儿女的心。祖国，是一轮红日，正从东方的地平线上冉冉升起，正从沉沉的云雾中升腾，正从丛林中大踏步地走过。祖国，正朝着伟大复兴的强国梦豪迈前行！祖国强大，才能国泰民安，孩子们才可免费享受如此好的教育。让孩子怀着一颗感恩的心，享受校园的美好生活，让幸福洋溢在孩子的脸上，渗透到每一个孩子的心田。

在学校里，老师把灵魂给了孩子们，把母亲般的关爱给了孩子们。在生活上，无微不至地关心孩子们；在学习上，对孩子们严格要求，并想方设法教给孩子们知识，培养孩子们的能力；在品德培养上，使孩子们懂是非，明对错，守礼仪，知荣辱，使孩子们时刻记住自己的历史使命。老师们用高尚的人格塑造着孩子们同样高尚的人格，精心呵护孩子们的人格尊严，使孩子在和谐的光环中茁壮成长。老师，您用知识甘露浇开孩子们理想的花朵；老师，您用心灵清泉养育孩子们情操的美果。您是园丁，为祖国山川添秀色；您如春雨，孕育桃李，神州大地尽芳菲。有辛勤耕耘的老师陪伴，享受着无私的师爱，生活中浸润着阳光与美好，这就是童年的幸福。

在学校里，有同学们的陪伴，同学之爱是一种友谊，同学之情像兄弟姐妹情一样深厚。多少笑声都是友谊唤起的，多少眼泪都是友谊揩干的。友谊的港湾温情脉脉，友谊的清风灌满征帆。友谊不是感情的投资，它不需要股息和分红。你是天上的云，我就是吹动你的风，我们彼此依赖，互相信任，让我们保持这种朋友之间的友谊，直到永远，就像小河里的水源源不断地流着。友谊是一片照射在冬日的阳光，使贫病交迫的人感到人间的温暖；友谊是一泓出现在沙漠里的泉水，使濒临绝境的人重新看到生活的希望；友谊是一首飘荡在夜空的歌谣，使孤苦无依的人获得心灵的慰藉。因为有了友谊，我们便不再畏惧生活中的坎坷；因为有了朋友，我们便敢于面对前行路上的所有磨难。忧愁有人分担，欢乐有人共享，失意有人理解，风雨有人同挡。有了这份纯真的同学友谊，生活将是多么惬意，童年时代又是多么幸福美好！

学校教育要关注每一个孩子的心灵感受与精神成长，要尊重每一个孩子的生命起点与个性差异。教育要教会孩子懂得幸福的含义，理解幸福、追寻幸福、创造幸福、体验幸福。教育要为孩子的终身发展与人生幸福奠基。

二、学校是教师幸福工作的沃土

教师是人类文明的传播者，是教书育人的天使。教师的工作理应得到全社会的尊重，教师理应成为天底下最阳光、最值得羡慕的职业。学校应该关注教师的内心体验，为教师的幸福工作创造学校的特有文化。唯有幸福的教师，才能提供幸福的教育；唯有幸福的教育，才能创造孩子的幸福校园生活；只有师生幸福生活，才能实现教育的价值。

新时代的教育需要有新理念。教师要引导孩子爱学校、爱学习、爱生活，让成长值得回味，这就需要让有意义的学校教育变得特别有意思。课堂与活动必须充满情调、雅趣、生机、活力，充满向上的力量。教师从关注"分数"到关注"人"的发展，从教书"育分"走向教书"育人"，教师要善于引导孩子们从"苦学"走向"乐学"，从"被动成长"走向"主动发展"，为孩子的终身发展打下坚实基础。

教师的幸福究竟是什么？有这样一个故事：

一只小狗问它的妈妈："幸福在哪里？"妈妈说："幸福就在你的尾巴尖上。"于是这只小狗就不停地抓它的尾巴尖，可是却怎么也够不到。它沮丧地说："为什么我总是抓不到幸福？"妈妈笑着说："你不用刻意地去抓它，你只要一直往前走，幸福就会始终跟着你！"

是啊！教师只要努力往前走、用心做教育，幸福就会永远追随你。

1. 教师的幸福需要自身去创造、去体验

教师要转换思维、献身事业、创新工作，在工作中去体验、感悟、享受教育的幸福。影响人生幸福的六项选择：

第一项：我不能决定生命的长度，但我可以控制它的宽度。

第二项：我不能左右天气，但却可以改变心情。

第三项：我不能改变容貌，但却可以展现笑容。

第四项：我不能控制别人，但却可以掌握自己。

第五项：我不能预知明天，但我可以好好利用今天。

第六项：我不能样样胜利，但却可以事事尽力。

（1）做一个人格高尚的教师。

爱因斯坦说："无论是教堂还是学校，在他们行使其真正的功能的限度内——都是为了使人变得崇高。"教育是天底下最伟大的事业，需要对事业的敬畏，需要坚持不懈的毅力，需要牺牲精神与奉献精神，需要神圣的责任感与使命感。

①富有良知。教育是一种讲良心的事业，需要对每一个孩子负起责任、

精心培育；教育是一种为国育才的事业，教书育人是教师神圣的使命，教师要有担当精神，忠诚于教育、无愧于心；教育是一种艰巨而光荣的事业，教师需要终生奉献与智慧创造；教育是一种滋养生命的事业，教师要欣赏生命、传递美好、健全身心、提升素养、同生共长、快乐成长。

②一心向善。教育要努力激发精气神、塑造真善美。教师要成为善良的引导者、播种者、传递者、守护者，努力培育学生善良的品质，让善良成为一种共同的价值选择，成为人们相处的基本行为方式，让善良带给这个社会更多温馨、美好和幸福。

③淡泊名利。教育是沉潜的事业，需要弯下身子、沉下心来，去研究、去奋斗、去创造、去陪伴。教师要耐得住寂寞，坚守心中的那份宁静，淡泊名利、内心充盈，享受教育的那份单纯与美好。

④充满爱心。教师不爱学生，无异于歌手没有嗓音，乐师没有听觉，画家没有色彩感。一个好教师意味着什么？首先意味着他是个热爱孩子的人，感到跟孩子交往是一种乐趣，相信每一个孩子都能成为一个好人，善于跟孩子交朋友，关心孩子的快乐与悲伤，了解孩子的心灵，时刻都不忘记自己也曾是个孩子。

（2）做一个心灵和谐的教师。

和谐是宇宙万物存在的内在依据。唯有心灵和谐，才有教师的高贵。

①宠辱不惊。大自然有风和日丽，也有狂风暴雨。人之生命历程也如是，不能因命运不佳而沮丧，也不能因某些成功而忘乎所以。老子说："人法地，地法天，天法道，道法自然。"无论顺利、挫折、成功、失败，都是生命的体验，亦是生命的成长。能把路走直当然是一种成功，但是在曲折中前行，则能看到更多的人生风景。

②优化情绪。情绪不只是一个人健康与否的晴雨表，还是其工作、学习和生活质量高下的试金石。一个忧伤、气愤、恐惧、悲哀的人，自身的免疫系统容易发生紊乱，而且不管其心里如何想集中精力学习、工作，都必然事倍功半。教师要有调控自身情绪的能力，善于把欢笑、快乐、幸福带到工作中，带给孩子们，传递欢声笑语，享受教育的甜美。

③知足常乐。在物质追求与个人名利上，要知足常乐，享受教师职业的那份美好，享受与孩子相处、看着孩子成长的那份幸福。在事业追求上，不知足亦常乐，不满足于已有成绩的取得，而是努力让自己的今天超越昨天，让自己的明天超越今天，历经坎坷、善于攀登、持之以恒、激情奋斗，努力创造自己生命的冠军。

（3）做一个持续发展的教师。

教师的专业发展永远在路上，面对一个不断变化的新时代，面对千差万别的生命个体，没有一种固定的教育方式永远有效。教师永远需要学习、需要研究、需要创新、需要智慧、需要艺术，需要不断提升自身的专业化水平。

①决不放弃。决不放弃意味着永远相信终有成功的到来。成长需要时间、需要积淀、需要坚持、需要毅力，相信这个世界会给有理想、有追求、有顽强精神的人让路。

②形成习惯。哲学家康德每天下午3点半一定要去散步，不管刮风下雨都不例外，这就是一种生活规律。生活有了规律之后会比较有秩序，容易成就伟大的事情，否则会变得随心所欲，做任何事情都是5分钟热度，到最后就会一事无成。教师如果形成每天阅读、写作、反思、创新、锻炼的习惯，有量的足够积累，就一定会有质的升华。

③文化升值。文化的字面解释可理解为以文化人。冯骥才说："文化似乎不直接关系国计民生，但却直接关联民族的性格、精神、思想、言语和气质，抽出文化这根神经，一个民族将成为植物人。"教师要成为一个文化人，善于吸收人类的文明成果，注重吸收中华文化的精髓，修身养性、以文养心、以文化人，让中华文化代代相传并发扬光大。

④走进审美。这是超越习惯的一种高层境界。孔子曰："知之者不如好之者，好之者不如乐之者。"学习是一种幸福之旅，现今却变成了一种精神的苦役。走进审美不是单一的学习，它是全方位的。每天日出日落，太阳不是重复既往，而是一个又一个新的景象的呈现，美轮美奂，妙不可言。用美的视角去发现身边的美、感受自然的美、享受生活的美。

一位教师的精神发育史就是他的阅读史。没有阅读就没有个人心灵的成长，就没有人的精神的发育。阅读不能改变人生的长度，但它可以改变人生的宽度和厚度。阅读不能改变人生的物相，但它可以改变人生的气象与品质。外在的相貌和物质的构成基于遗传而无法改变，但人的精神可以因阅读而蓬勃葱茏气象万千。教师要努力走进阅读的世界，终身阅读，让阅读丰厚自己的精神，涵养自己的品质，提升自身的素养，才能更好地胜任教师的工作，用智慧与艺术推进教育的创新。

一个教师的专业写作史，就是他的教育史。我们的教育生活由无数的碎片组成，这些碎片往往会形成破碎的未经省察的经验，使教育教学在比较低的层面上不断重复。而通过专业写作，就能够有效地对经验进行反思，从碎片中提取有意义的东西并加以理解，形成我们的经验并融入教育生活，使之成为我们专业反应的一部分，使我们的教育实践更加富有洞察力。这样，这些碎片就可以经过拼合成为美丽的图景，就像散落的珍珠串成美丽的项链，教育也因此不断升华超越。

2. 没有教师的快乐和幸福，就不可能有学生的快乐成长和幸福生活

叶澜老师说："教师是一种使人类和自己都会变得更加美好的职业。教师以其创造性的劳动去实现自己的生命价值，并在创造性的劳动中，享受因过程本身而带来的自身生命力焕发的欢乐。"学校要为教师的快乐与幸福更新理念、创造条件、营造氛围、共创幸福。让幸福的教师带来幸福的教育，让幸福的教育培育幸福的学生。

（1）要为教师的发展减压。根据汤丰林教授的调研报告，我国85%的中小学教师反映压力大，38%的教师反映压力非常大。适度的压力可以有效地转化为动力，但压力过大，会压抑教师的工作激情与创造能力，甚至会摧毁教师的内在心灵，带来身心疾病，影响教师的身心健康。学校必须给教师的成长适度减压。减少违背科学的评比，减少不相信教师的检查，减少无效的会议，减少不必要的教师作业，减少低质的教育流程，让教师有更多的时间去自主工作、自由创造、自己发展、自觉成长。

（2）要为教师的成长搭台。根据汤丰林教授的调研报告，我国基础教育教师 40% 以上反映教师成长缺少舞台，教师期望的专业培训得不到保证，教师难以购买到高质量的专业书籍等。党和政府要继续增加教育的投入，学校要高度重视教师的专业发展，要创新教师专业发展的培养方式，学校要为教师的研学旅行、考察学习、交流访问、培训进修、专业阅读、教育科研提供必要的经费支持。

（3）要让教师过上有尊严的生活。根据汤丰林教授的调研报告，我国中小学教师 85% 反映压力大，而在压力大的人群中，61% 的教师认为压力来自于个人的财务状况，家庭负担重，工资满足不了财务开支；64% 的教师认为社会不尊重教师职业；82% 的教师认为教师的社会地位低；37% 的教师认为如果可以重新选择，绝不会再从事教师职业；48% 的教师绝对不会让其子女从事教师职业。从国家层面看，还需要继续提高教师的待遇，在住房方面给予优惠，以减轻教师在财务方面的压力，以便将更多的精力投身教育工作。我在基础教育战线工作 36 年，从农村教育到首都教育，经历过 9 所学校的教育实践，我坚定地认为 95% 以上的教师是敬业爱岗的，他们忠诚于教育、关爱学生、教书育人、为人师表、严谨治学，所以，全社会一定要营造尊师重教的社会舆论，电视、报刊、网络一定要多正面宣传报道教书育人的优秀事迹、先锋人物、劳动模范，不要因为极个别教师的问题而歪曲教师的整体形象。一个敬重教师职业的社会，一定会是更加文明的社会，因为教师是为更加文明的社会培养人的职业。如果教师有较高的待遇、赢得社会的尊重、过上体面的生活、职业幸福感得到提升，教师一定会更好地为实现伟大复兴的强国梦做出更多的贡献。

（4）要尊重教师的主人翁地位。有好的教师，才有好的教育。要尊重教师在学校的主人翁地位，要尊重教师的创造性劳动，要激发教师的工作热情，要信任教师、相信教师都能成为优秀者，让每一位教师看到发展的前景、努力的方向。要调动每一位教师的主人翁精神，为学校的发展献计献策、贡献智慧，使其真正成为学校发展的主人，成为推动学校发展的决定性力量。教师不是学校被管理的对象，而是推动学校发展的动力源，唯有将发动机安装到每一个教师的身上，才有学校整体动车组的加速，才能牵引学校更好地前进。

创造教育的幸福是教师的不懈追求，教师的幸福需要教师自身去奋斗、去攀登、去奉献、去创新。同时也需要学校、社会、政府为教师的发展提供强有力的物质保障与良好的社会舆论，要为教师幸福地做教育营造和谐文化。幸福的教师必然带来幸福的教育，幸福的教育一定会催生幸福的童年！

三、良好的关系是师生幸福生活的催化剂

教育学首先是关系学，要想有好的教育，一定要有好的关系。当人与人的关系和谐、充满温情、心怀敬意、彼此包容、互相信任、相互支持时，人才会聚合，才有人气，才会形成强大的力量，去战胜困难、去创新超越、去攀登高峰。良好的师师关系、生生关系、师生关系，是师生幸福工作、学习、生活的催化剂。

1.温馨的师师关系助推教师幸福工作

一个积极向上、奋发有为的教师团队，一定是有着温馨的同事关系的团队，是彼此关爱、欣赏、支持、帮助的团队。一所学校一定要高度重视团队建设，营造良好的师师关系，让每一个团队的成员感受到校园的魅力、集体的温暖、同事的善良、进取的文化。要建立起共同的教育理想、价值追求；要营造平等、民主、文明的校园氛围；要关注每一位教师的成长体验，给每一位教师搭建成长的舞台；要构建欣赏、激励的学校评价文化，善于包容教师成长中的问题，允许暂时落后，期待明天进步；要创造性地开展教师专业培训，促进每一位教师的专业发展，提升专业能力；要开展有意义的教师艺体、游戏活动，充实教师的生活，增进同事的情谊。良好温馨的师师关系，不仅能推进教育工作的创新发展，更重要的是激发起职业兴趣，为终身幸福从教奠定基础。

2.温和的生生关系促进学生幸福发展

今天的教育，同伴的影响越来越大，学生之间的关系好坏会深刻影响孩子的发展。如果同学之间关系融洽、亲密、赏识、包容，彼此信任、关爱，相互传递善良、美好，团队激情向上、热情洋溢，就能更好地促进每一个孩子的幸福发展。反之，就会影响甚至阻碍学生的成长。学校教育要高度重视生生友好关系的构建，善于引导孩子处理同学关系，教会孩子与人相处、主动相处、乐于相处。要营造班级、团队优秀的关系文化，发挥文化的浸染、感召作用，让每一个孩子融进班级团队里。要努力培养文明、进取、守纪、规范的行为习惯，加强诚信教育，创建文明、守信的生生关系。有好的生生关系，不仅让孩子感受到朋友的温暖，更重要的是促进孩子健康幸福发展。

3.温暖的师生关系加速师生幸福成长

有温暖的师生关系，孩子才会信任你，才能把一个真实的自我完全展现在你面前，你才能真正了解学生，才可能读懂学生，也才可能为孩子的发展提供最适合的教育。

所有的选择都因为我们的立场，没有学生立场，就不会有真正的教育。我们每一个学期对教师的教育教学工作指标有十项，每一个时期会根据学校改革发展的状况略做调整，但是调整来调整去，我发现了一个问题：有一项指标总是在老师们的讨论中被拿掉。这个指标是什么呢？风趣幽默。这个指标总是被老师认为不重要，他们认为知识重要、人格重要，风趣幽默不重要。但是，学生认为重要，为什么？人家一天坐在那个冷板凳上八个小时，一坐就一年、几年的时光，你天天板着脸跟人家讲行吗？所以，当我们没有学生立场的时候，我们就感觉很多东西不重要，尽管有些学生表面上说不出它重要，但是你站在学生的角度就会觉得它很重要。

4.建立共同目标的多维和谐关系，促进教育幸福前行

一定要致力于统一目标，而不必奢望统一思想。全国各地很多老师问

我：北实推行几十项改革的时候，你们怎么给领导、教师、家长、孩子洗脑？对此很难回答，你给他们洗脑之后，他们一旦没有头脑了，那是多么可怕的事情。所以，我们总是希望统一大家的思想，使得我们的改革看上去特别顺利，但其实也特别有风险，当你听不到不同声音的时候，风险就已经存在了。我们可以统一目标，那个美好的愿景不会错，我们要攀登上那座高峰没有错，但是走路的时候要注意什么？一定要听取更多的意见。我们没有必要在选择的过程当中，让每一个人去统一思想，我们要放弃这种努力。朝着统一目标往前走，当走出一条阳光大道的时候，自然会赢得干部、教师、家长、学生的支持，最终也就会形成干部、教师、家长、学生之间相互信任、彼此理解支持的关系，形成一种新型多维和谐关系，让学校的发展进入良性循环的轨道，助推教育幸福前行。

构建符合现代教育的干部、教师、学生、家长四者之间的多维和谐关系，让这些和谐关系释放出教育的激情、喷发出发展的力量、释放出前行的能量，我们教育的生态就会发生改变，教育就将充满活力、魅力、爆发力、幸福力，实现师生同生共长、幸福成长。

四、教育的终极目的是教会每个生命个体追求幸福

常常有人认为，幸福在成功之后，所以我们要不顾一切地先追求成功；而我则认为，幸福在成功之前，人人都可以获得幸福，但不是每个人都可以获得成功。

1. 教育追求的终极性价值就是幸福

教育作为一种旨在引导人们发展，提高生命质量，提升人生价值的社会活动，其根本就在于满足人们合理的要求，实现幸福人生。教育绝不能满足于知识与技能的传授，而要促进人的全面发展，也不能止步于学生的升学和就业，而应更多地关注他们对幸福的认知和追求。

2. 教育是农业，不是工业

然而，今天的农业，却越来越"工业化"了。化肥、农药的过度使用，生产效率的极端追求，带来了很多问题。教育也是这样，加工"过度"，添加"过多"，功利"过头"……所以，我们要呼唤自然的、绿色的、生态的、简约的、适合的、幸福的教育！

3. 对于教育中的人，教育本身就是生活的基本方式

师生在为长远的人生与社会理想奋斗的同时，本身就应该享受幸福的教育生活。教育的质量，不只是分数，而是全面成长，是身心脑的和谐发展，是学习性质量、发展性质量和生命性质量的整体提升。

每一个生命个体都值得敬重，每一个生命个体本身的价值都值得敬畏。人类社会由千差万别、不同个体的人组成，才构建成人类社会的丰富多彩，无论人的生命成长处在哪个阶段，都应该赢得他人的尊重与关爱。教育就是要关注每一位师生的成长与幸福，教育的终极目的是教会每个生命个体追求幸福，因为，教育是追求幸福的事业！

努力让每一个孩子都能享有公平而有质量的教育

党的十九大报告指出，要"推进教育公平，努力让每个孩子都能享有公平而有质量的教育"。这是党中央做出的庄严承诺，作为教育基层单位的一线校长、教师，如何贯彻党的精神，让党对教育的要求变成我们自觉的创新行动，对每一个孩子的成长高度负责，创造适合每一个孩子发展的教育，努力为孩子最好的未来奠基？

一、助推每一个孩子的全面成长是教育的根本任务

每一个孩子，他们带着不同的基础、性格、爱好、习惯、心理、品质、基因、期待来到学校，每一个鲜活的生命个体都是如此不同，但又如此的可爱，他们对每一个家庭来说都是 100% 的重要。学校必须尊重每一个孩子的个性，关注每一个孩子的发展，面向每一个个体开展教育，让每一个孩子在爱中诗意生活、快乐成长。

1. 给每一个孩子配备成长导师

思想引领、价值引导是导师的首要任务。导师要以自己优秀的道德品质、正确的价值选择，不断渗透优秀的思想，传播优秀的文化，培育正确的三观。走进孩子心灵，与孩子内在世界对话是导师的重要使命。导师要读懂孩子，细致入微观察孩子的成长变化，促进孩子的健康发展，使孩子学会学习。培育终身学习能力，应成为导师的教育追求。培育孩子的学习兴趣，引

导孩子认识学习的价值，科学而又个性化指导学习方法，使孩子会学、爱学、善学、乐学，为孩子的终身学习打下坚实基础。

2. 让每一个孩子都有担任学生干部的经历与体验

担任班级管理干部既能锻炼孩子们的综合能力，又能培养孩子们的责任感，还能培养孩子们主动思考、积极思考、系统思考、创新思考、团队思考、换位思考的习惯，能有效促进孩子的素质提升与综合发展。我校推进班级项目制管理改革，实现全员干部制。每一个班级会依据自身特点、管理的需求，设置若干个项目管理团队，如学习项目组、体育项目组、宣传项目组、纪检项目组等。每一个项目组设组长一名、副组长一名、研究员两至三名。组长、副组长的产生，要经历个人申请、班级演讲、同学投票等程序。研究员的产生则由班主任带领各位正、副组长依据同学申请协商决定。班级项目制管理改革，彻底改变了班级管理的生态，人人都成为班级管理的建设者、参与者、贡献者，班集体成为同学们有温度、有活力、有目标、有文化的幸福家园。

3. 让每一个孩子都能在小组合作学习中发展

合作学习是一种特别重要的学习方式，能有效促进各层次学生的成长，实现在各自起点上的有差异发展。我校是一个涵盖幼、小、初、高十五年一贯制改革学校，我校幼、小、初、高四个学部，在教室座位排列、小组人员安排、小组文化培育、合作学习要求、小组激励评价等方面做了深度理论探求与实践探索，合作学习已成为我校一道靓丽的风景线。丰富多彩的合作学习激发了孩子们的团队互助精神、学习兴趣，开发了孩子们的学习潜能、激发了内在力量，促进了孩子们语言能力、组织能力、观察能力、思维能力、评价能力的整体提升，实现了每个孩子在团队的开放性学习中愉悦成长。

4. 让每一个孩子都必须参加一个以上社团活动

课外社团活动的有效开展，不仅丰富了孩子们的校园生活，更重要的是在大量的活动中促进孩子们的成长。社团活动是最好的老师,在活动中学生能够发展遵守规则、克服困难、对自己的行为负责、和同伴交往等素养。在学校、学部层面开设大量的社团活动课程让孩子们选择,有50多个成熟且有影响的社团对孩子们有巨大的吸引力;在学校团委、少先队层面给社团活动搭建平台,满足孩子的个性需要,提供必要的经费支持,有近百个自组织社团活跃在校园里;在年级、班级层面鼓励孩子们开展有益的社团活动,让社团活动涉及孩子成长的方方面面。社团活动记录着孩子们生命成长的故事,这故事不仅述说着孩子的昨天、今天,还描绘着美好的明天。

5. 让每一个孩子都要拥有一门体育特长

健康是青少年和儿童全面发展的基础,加强健康教育、提升学生健康素养,是贯彻落实党的教育方针、全面实施素质教育、促进学生全面发展、加快推进教育现代化的必然要求,是贯彻落实《"健康中国2030"规划纲要》,建设健康中国、全面提升中华民族健康素质的重要内容。我校专门成立"体育与健康教育中心",学校健康教育走向一条有组织、有策划、有创新、有特色的发展之路。我校的体育工作制订了未来五年发展的战略规划,其中有一项重要内容就是初、高中毕业生每人至少要掌握一项体育特长。学校从体育教师配备、体育场地建设、体育课时安排、毕业要求上确保这一目标的实现。运动延伸生命的长度、拓展生命的广度、挖掘生命的深度,让体育运动守护着孩子生命的昨天、今天和明天,让体育运动激活生命新动能,为成就孩子美好未来增添力量。

6. 让每一个孩子都要拥有一门艺术特长

人有两大心智能力:一个是理性,一个是感性。理性的代表是科学;感性的代表是艺术。科学与艺术,二者犹如鸟之两翼。艺术充满着无限的独特魅力,艺术教育不仅催生孩子的精气神,更重要的是润泽着孩子的心灵,促进孩子健康幸福成长。为保障艺术教育良好发展,我校成立了艺术教育中心,设立艺术中心主任、副主任,由校级领导牵头,协调校内外各部门,形成合力，为艺术教育整合资源，提供优质管理服务；建立了较完善的评价、激励机制，保障了艺术教育高效开展；对艺术教育上有突出成绩的教师和学生，给予表彰及奖励，调动师生参与的积极性。学校还确立了未来五年学校艺术教育的发展战略规划，其中有一项重要内容就是初、高中毕业生每人至少要掌握一项艺术特长。学校从艺术教师配备、艺术场地建设、艺术课时安排、毕业要求上确保这一目标的实现。艺术教育对个体、对学校、对家庭、对社会、对民族、对人类具有不可替代的重要作用，不重视艺术教育，损害的是一代人的心灵世界，损害的是一个民族的精神、想象力和创造力。

7. 让每一个孩子每一学年参加一次游学活动

古人把"读万卷书，行万里路"作为一种追求，可见古人对"行万里路"的高度重视。高速发展的现代信息社会，对我们的工作与生活提出了新要求，对落后的陈旧思想与机械生活产生了强烈的冲击，如果没有与时俱进的教育思想与教育创新，我们培育的孩子就无法适应未来社会发展的需要。今天的游学活动就是古人所说"行万里路"的一种现代表现方式。游学是世界各国、各民族文明中，最为传统的一种学习教育方式。中国民间自古以来，就非常重视游学对人格养成和知识形成的重要作用，孔子率领众弟子周游列国，增进弟子的学识，培养弟子的品质，开阔眼界。游学活动不论对于孩子还是成人来说，都是有必要的，一方面是增长见识，另一方面对职业规划和学业规划都有很大的帮助。过去的教材是学生的世界，今天的世界是学生的教材。从小学高年级到初高中肆业年级每年都要开展为期一周的游学活动，从育人的目标、活动的策划、安全的预案、线路的设计、学生的自主管理、研学中的小组分工、研学见闻的撰写、成长启迪的交流等方面进行精心开发与构建，让游学活动成为一种课程，让游学成为课程育人的有效载体，拓宽学生的视野，提升学生的实践能力，促进学生的可持续发展。

8. 让每一个孩子都必须在一个学期内上一次以上学校的宣传窗

儿童有如嫩芽，碰伤了就不易生长。父母也好，老师也罢，要注意呵护他。人的一生强大与否、成功与否、幸福与否、快乐与否，不取决于他的肢体力量，也不主要取决于他的知识力量，而主要取决于他的心理内力。生命就是一个在"激励"中奔向光明的突破历程。我们坚信激励教育是一种有力量的教育，有时甚至成为一种伟大的教育。学校给每一个班级提供了一个学校层面的班级公共宣传窗，每个月都要对班级同学进行全方位、立体式、多角度的激励教育，激励的方式要注重创新性、时代性、民主性、科学性、艺术性，我们用心发现孩子的进步点、优秀点、示范点、榜样点，要为在成长中出现问题的孩子搭建好舞台，让其展现出优秀。学校要求让每一个孩子必须在一个学期内上一次以上学校的宣传窗，让每一个孩子得到激励，受到鞭策，同时把激励教育与严格教育有机结合，促进每一个孩子有效成长。

9. 让每一个孩子都不需要参加任何校外的学科辅导班

学校在推进孩子全面发展的同时，也会高度重视孩子学业成绩的提升。学校推进的魅力课程建设、魅力课堂探索，就是从根本上改善课堂教学方式，提升课堂的吸引力、促进思维的开发、建立良好的师生关系，让课堂充满激情、活力、趣味，让多样化的学习在课堂中深度发生，从根本上激发孩子的内在动力，让孩子有学习的巅峰体验，让孩子成为学习的主人，在主动学习中发展，教学质量也得到了充分保障。同时，学校每个年级、每个班级会根据不同层次的学生情况开展不同层次的辅导与提升。教师也会定期为自己所教的学有困难的孩子提供具体化、有针对性的帮助。班主任还会组织班级同学开展一帮一活动，让每一个学困生学有所帮、学有所长，实现每一个孩子在全面发展的基础上进步最大化。参加社会中以盈利为目的的学科辅导班，给孩子带来过多的学习负担、精神压力，造成严重的恶性循环，影响孩子的健康成长。我们在家长大会上庄严承诺，北实的孩子不需要参加任何社会上办的学科辅导班，只要按照学校的要求做，每一个孩子都将获得最大化的成长。

10. 不给孩子成绩排名，在过程评价中促发展

孩子的成长发展因个体不同一定会存在差异，但没有差生。孩子的发展是多方面的，各不相同，他们有自己的成长特点与个性特长，他们有自己发展的时区，他们要为未来不同职业做好准备。学习成绩仅是从一个方面了解孩子成长的趋势，同时学习成绩也是孩子的隐私，我们不给孩子的成绩排队，也绝不公布孩子成绩的名次。我们会积极引导孩子通过过程的自我评价助推学习成绩的进步。每个月我们会从进取状态、学习计划、课堂效果、作业质量、问题意识、反思总结、身心健康等方面引导孩子自我分析、自我诊断、自我觉醒、自主成长。多要素的过程性自我评价，促进了孩子在过程改变中成长。因为优秀的结果来自于优秀的过程，优秀的过程必将创造优秀的成果。当我们的教育者不为成绩唠叨，不为名次苦恼，而把精力用在过程的创造上，用在全面的育人上时，我们的教育不仅培养了孩子的好习惯，也将收获孩子的全面成长。

一个少年，当他学会了不仅仔细地研究周围世界，而且仔细地研究自己本身的时候，当他不仅努力认识周围的事物和现象，而且努力认识自己的内心世界的时候，当他的精神力量用来使自己变得更好、更完善的时候，他才能成为一个真正的人。教育就是为了培养一个热爱世界并为这个世界创造价值的人。

二、教育必须让每个孩子的精神世界更美好

在物质极度丰富的今天，人民需要一种精神信仰、精神追求、精神品质。新时代是一个奋斗者的时代，幸福是奋斗出来的，富有的是精神，自豪的是勤奋。精神美好，世界才更灿烂；勤奋拼搏，世界才更美好。

1. 唤醒每一个孩子的心灵

唤醒一颗心灵、传递一份信心、点燃一个希望，每一个孩子都可以握住

迈向美好生活的"金钥匙"。向往美好、追求幸福，是人类的终极目标。教育要点燃孩子美好幸福生活的火焰，唤醒每一个孩子的内在力量，使其自觉成长、主动成长。

2. 时代需要人的全面发展

教育创造美好生活，时代需要人的全面发展。五千年中华文明，从来没有像今天这样重视人的全面发展。日益发达的生产力，使人的全面发展教育变得无比迫切。今天的教育一定要转型，要把孩子培养成未来的人才，不仅适应未来社会，更重要的是要改造未来社会。实现伟大复兴的强国梦，关键在人才，人才的培养关键在教育，今天的教育要努力培养全面发展，具有创新精神与实践能力的人才，要为实现伟大复兴的强国梦做出我们应有的最大的贡献。

3. 人民有信仰、民族有力量

今天，一个强大的中国需要人民有信仰、民族有力量；需要孩子们从小学习认识自我、与人相处、立己达人，从小树立正确的历史观、民族观、国家观和文化观；需要教育在由技术等因素推动着的快速变化的丛林中，寻找道德养成的新秘密，构建新的影响力环境，让价值观教育更加深透有力，让必备品格更加完善高洁，让中国精神更加昂扬矗立。

4. 让生命健壮而华美

体育、美育，让生命健壮而华美，现代化把人带入一个物质无比富足的时代，也对人的生命价值和存在的意义提出挑战。教育必须教人如何与人的精神颓废和意义失落抗争。劳动重新获得它的价值——越来越脱离对物质的过分追求，而转变为精神享受。智力发展并不如很多人所认为的那样重视过头，相反，智育必须摒弃粗放模式，聚焦未来社会最需要的能力。

5. 教育必须进入每一个人的精神世界

良好的教育，就是带人过上丰富而广阔的社会生活特别是精神生活。美好生活是一种期待，教育必须跑在前面；美好生活是一种创造，教育必须为它提供全面而自由发展的基础；美好生活是一种感受，教育必须进入每一个人的精神世界。

教育正在迈向一个全新的角色，学校正在重新发现自己的伟大职责，那就是，努力让每一个孩子都能享有公平而有质量的教育，帮助每一个孩子认识自己，确定价值坐标，树立人生志向，拓宽精神世界，寻找人生幸福，完成个人于社会和国家的使命。

对校园中手机现象的点滴思考

随着"互联网+"时代的到来，身处信息时代的中学生们已不再是"两耳不闻窗外事，一心只读圣贤书"，提升信息素养、开拓知识视野、了解时代变迁、适应社会发展需要已成为时代发展所必需。拥有作为现代社会主要沟通工具与了解当前世界的重要窗口之一的手机，是社会发展进步的必然，通过屏幕和网络认识、了解世界是未来社会公民重要的生活方式。

作为培养适应未来时代发展需要的现代公民的学校，对待这一新生事物，应该有一个正确的态度和方式，而不是简单地、一味地杜绝。不可否认，任何事物都有它的两面性，手机的使用的确存在着一定的弊端，但这不是禁止学生带手机入校的理由。水可以淹死人，但我们不能因此而远离水或拒绝水，重要的是学会在水中游泳的本领。

凡事"预则立，不预则废"。学校作为引导生命成长和丰盈的地方，应该为培养未来社会公民做贡献。我们的方法是变"水到渠成"为"渠成水到"，那就是科学引导，正确使用。首先是以平常心态看待。把手机看作一个与人沟通、间接或直接辅助学习的工具，与电子词典、随身听一样，是提高生活质量的手段，是现代生活的需要，不要看成洪水猛兽。其次是科学引导。引导学生利用手机查找知识，全面认识世界，促进思维发展；利用手机和家长、同学保持良好沟通，建立和谐人际关系；利用手机促进自主学习，激发学习兴趣。也就是要充分发挥手机作为沟通交流和学习工具的作用。最后，家校科学沟通，正面引导，老师、家长榜样示范，让学生在纷繁复杂的众多信息和诱惑中学会选择，这本身也是一种素养，是学校教育不可或缺的一部分。

作为现代民主、文明、和谐、开放的学校，是否允许学生带手机进入校园，是否对学生使用手机做出约束，都应该与学生沟通交流，开展关于使用手机的班级大讨论。为此我们组织部分班级进行了如下四个问题的讨论，同时教师做出科学的引导。

第一个问题：手机对我们的学习、生活带来哪些好处和哪些危害？

第二个问题：我们对带手机进校园的态度是什么？

第三个问题：教室是用来干什么的？上课时间是否可以带手机？

第四个问题：我们是否应该制定在学校使用手机的有关规定？

经过同学们的讨论，基本上达成了一致性意见。

第一，同意带手机进入校园。

第二，手机不带进教室，放到走廊的柜子里，也可以在上课期间交由班主任统一管理。因为教室是上课学习的地方，不是使用手机的地方。

第三，带手机进入校园的主要作用是查找学习资料、用作通信工具。

第四，学校应该通过协商制定使用手机的有关规则。

各班制定的规则大同小异，但都是在教师的引导下，通过学生的自主讨论、相互辩论、民主协商制定的，规则来源于学生，也就能自然约束学生，形成了大家共同遵守的游戏规则。

新课改倡导培养学生的核心素养，即培养学生适应未来社会生活和终生发展需要必备的关键品格和能力，而利用各种媒体获得需要的信息、和谐地沟通交流是未来公民应该必备的能力。孩子带手机入校，并能遵守使用手机的规则，有利于孩子与家长之间的沟通联系，又能帮助孩子查找资料，了解有关新闻信息，帮助与促进孩子的学习。

我期望的现代学校管理模式是：以人为本，民主管理，科学决策。让学校中每一个人感受到管理的温度，而不是冷冰冰的制度条文；激扬每一个生命，美人之美，各美其美，走向完美；努力实现"孩子向往、教师幸福、社会满意"的办学目标。

劳动教育是创造幸福的教育

习近平总书记在全国教育大会上指出，教育要"培养德智体美劳全面发展的社会主义建设者和接班人"，"要引导学生崇尚劳动、尊重劳动，长大后能够辛勤劳动、诚实劳动、创造性劳动"。总书记的重要论述，高扬劳动教育的鲜明旗帜，体现了党和国家教育方针的新要求，具有十分重要的现实意义和深远的历史意义。

劳动是创造幸福的源泉，一切幸福需要劳动去缔造。劳动是新时代每一个中华儿女必备的基本素养和传统美德。马克思曾经说过："任何一个民族，如果停止劳动，不用说一年，就是几个星期也要灭亡。"劳动是人类世界最重要的活动，中华民族依靠艰苦的劳动创造了五千年光辉灿烂的文化，每一个现代人，都不可以不劳动，人人都有劳动的义务。教育部印发了《关于加强中小学劳动教育的意见》，提出要用五年左右的时间，推动我国中小学建立优质多元、开放共享、个性选择的劳动教育多元课程体系，建立劳动教育课程超市，包括国家课程、地方课程、校本课程、个性化课程和选修课程等，涵盖基础课程、拓展课程、探究课程、融通课程、综合实践课程与国际课程等多元课程类型，以供学生自主选择劳动教育课程。新时代的劳动教育，要立足提升学生的核心素养和综合素质，不断推进劳动教育课程的高效实施，不断提高学生的劳动团队协作能力、劳动实践调研能力、劳动创新学习能力和自我发展能力，推进劳动教育课程整体育人，实现劳动教育全程育人和劳动教育实践育人。

一、劳动教育是创造幸福人生的第一教育

美国实用主义教育家杜威认为教育即生活；人民教育家陶行知提出"生活即教育"；苏联教育家马卡连柯曾指出，"劳动永远是人类生活的基础，是创造人类文化幸福的基础"。劳动教育是创造幸福生活的第一教育，是新时代素质教育中的重要内容。我们要立足于新时代的发展，注重劳动教育，以劳立德、以劳育智、以劳健体、以劳益美、以劳创新，培养学生树立通过艰苦劳动创造幸福生活的精神。学生要学会生活、学会生存、学会发展，就必须学会劳动、善于劳动、创造性地去劳动。

新时代的劳动教育，要提升学生适应社会的能力，促进学生身心的健康成长，培养学生积极进取的精神。

劳动教育能帮助学生形成坚毅的品质，促进学生创新思维能力的发展。通过劳动教育，培养学生发现问题、观察问题、分析问题、判断问题、解决问题的能力。

新时代的劳动教育是创造幸福人生的第一教育，是创造幸福生活的奠基教育，劳动教育创造新时代的生活方式和工作方式，让学生在新时代劳动教育中，获得新生活乐趣，有利于促进学生健康、持续、幸福成长。

二、劳动教育具有十分重要的现实意义

新时代的劳动教育具有十分重要的现实意义：劳动教育能培养学生认知劳动价值内核，形成热爱劳动人民的真情实感；劳动教育可以促进学生的各门课程学习，培育实干精神、强健身心；劳动教育还让学生感受劳动美，创造劳动美，品味劳动美。

劳动教育在基础教育课程体系中是一个独立的学科，当前全国中小学校都开设了劳动教育校本课程，但也有些学校认为劳动教育影响教育教学质量的提高。苏联教育家苏霍姆林斯基有关劳动教育的经典论述，我们正可以从中得到启示：劳动教育是中小学生素质教育极其重要的组成部分；劳动教育

能提高学生的整体素质；劳动教育能帮助学生树立远大的理想；劳动教育通过脑力和体力的有机结合，能够不断促进学生的智力开发。

三、劳动教育如何课程化实施

新时代的劳动教育是中小学教育中极其重要的一个组成部分，是实施新课程改革和提高学生综合素质的主要途径之一。我校一直十分重视劳动教育，2011年以来，学校就把劳动教育作为特色办学的一个重要突破口，在劳动教育校本课程的研发与实施方面积累了一定的经验。我校从建设特色劳动教育师资队伍、劳动教育活动基地建设、劳动教育教学模式、课外劳动教育实践活动等方面展开研究，促使劳动教育能够与时俱进，实现了全纳发展、特色发展以及可持续发展。

1.不断培育劳动教育特色队伍

新时代的劳动教育实践，就是要不断深入推进劳动教育实践进程。我们强化师资建设，培养了一支劳动特色教育骨干教师队伍。一是强化理论学习，不断提升理论水准。二是虚心取经，向专家、学者拜师学艺。三是创新培训方式，安排劳动教育骨干教师参与各级教学教研活动，包括各级劳动教育优秀论文评选、优秀教案评选、劳动教材培训、劳动教育报告评选、劳动教育教学比赛等，让教师学习最新的劳动教育理论与劳动教学方法。四是加强劳动教育兼职教师研训，精选教师担任兼职劳动教师。五是共同研究劳动教育教学内容、教学模式、教学方法。六是劳动教育骨干教师上示范课，让兼职教师学习；劳动兼职教师上教学教研汇报课，共同探究劳动教育教学策略。七是特聘校外辅导教师。我校结合学校实际，主动整合校外师资力量，特聘专家、学者等校外辅导老师。主要采用两种形式开展活动：一方面，校外辅导老师来校上课；另一方面，让学生走出校园，到校外参加实践。这样做不仅拓展了学生的知识面，而且迅速提升了学校劳动教育教师的教育教学能力。

2. 切实丰富劳动教育教学形式

（1）注重劳动教育与必修课程相结合。根据必修课的教材教法内容和特点，将各学科课堂教学与校内校外活动有机结合，使学生在劳动教育教学活动中，提高知识和实验技能，获得实效，并进一步深化劳动教育；根据不同学段、不同学科的教材内容，结合不同学生的年龄特点，设计了劳动教育系列活动，如每天做十分钟家务、种养校园最优美的花草、做好学校的服务生等，在一定范围内补充了劳动教育课程的不足。

（2）注重劳动教育与魅力德育相结合。营造劳动教育氛围，精心设计新时代劳动教育长走廊、班级种最优美的花，使校园成为新时代劳动教育的场所；积极开设学校"劳动周"，组织开展学生家务周、劳动教育班会等活动，评选出校园"新时代学校劳动之星""新时代劳动教育优胜班"及"新时代劳动教育先进人物"，营造人人要劳动、人人愿劳动、人人劳动好的优良氛围，让学生养成会劳动、能劳动、爱劳动、自主劳动的好习惯，体会到新时代劳动精神的高尚；通过组织学生整治校园卫生，帮助父母做家务，以及关爱空巢老人、参与社区义务劳动，培养新时代中小学生勇于担当的意识和社会责任感；学校每个学期每个班要开展三次以劳动为主题的班会，评选"新时代班级劳动之星"，使热爱劳动、劳动光荣的思想意识扎根在新时代师生的心中。

（3）注重劳动魅力教育与校外义务劳动相结合。新时代劳动魅力教育课程的研发与实施，要注重课内与课外、校内与校外的结合，如每个学期组织几次校外公益活动（做地铁志愿者、社区服务等），引导学生积极投身社会服务，也能有效展现新时代劳动教育的魅力。

3. 拓展新时代劳动教育实践基地

学校进一步拓展新时代劳动教育实践基地，是新时代劳动魅力教育校本课程研发与实施的重要环节。我们充分利用劳动实践基地，加强以劳动实践基地为依托的新时代校本特色课程研发及实施。

（1）深入开展新时代劳动魅力教育实践，学生主要在学校活动，所以必须建设和完善好校内基地。这是劳动教育推进过程中的一项重要工作。在校内基地建设中，一要满足学生劳动实践的需要，二要满足师生开展劳动科学探究实践的需要。

（2）实现新时代劳动教育和社会实践的有效统一，提高学生的公民责任感，提高学生的创新意识以及适应社会的能力；积极创设机会，拓展校外劳动教育基地，同有关机构建立共建关系，利用他们的场地和设备开展劳动教育，使校外基地成为学生提升社会实践能力的重要场所。

（3）用活各种资源。要用活劳动实践基地，进一步拓展劳动教育实践基地，充分培养学生的劳动技能，充实劳动教育校本课程开发，让学生养成热爱劳动的优良品质，不断创新魅力教育的实践成果。

4. 形成新时代家校劳动教育合力

家长是新时代学生劳动教育最早的和终生的老师，学生的家务劳动是他们的重要实践基地。通过新时代各类新媒体宣传家庭劳动教育的重要性，引导家长高度重视，让家长以身作则，通过新媒体发布孩子参加家务的情况，激励孩子热爱劳动。另外，还可以利用中国所有的传统节假日开展劳动教育。家长要定期带孩子走出校门，走进社区，走进农村，走进工厂，走进军营，让劳动教育实践走进新时代魅力学生的生活。

四、劳动教育的创新实践

新时代的劳动教育，要创新劳动教育教学模式，既要教给学生劳动技术，更要培养新时代学生的劳动创新精神，增强学生的劳动创新意识，提高学生科学探究的能力，不断提升学生劳动实践的能力。

1. 注重引领

劳动教育课堂导入要做到形式新颖、联系实际、科学规范。通过形式创新引领,激发学生的探究意识。

2.深悟教本

采用问题引领的教学方式,提出探究性问题,引领学生进行阅读和探究。让学生自制教具,自己整理材料,把握知识和技能,引导他们在探究学习中解决问题。

3.典型讲解

典型讲解是劳动教育课的关键环节。针对学生在讨论中出现的共性问题,对难点、重点进行典型讲解,并注意充分发挥学生的主体作用和教师的主导作用。

4.创新操作

分三个程序依次进行:

(1)以引导入手。先是引导学生看,发现特征与问题;再是启发学生想,引导学生学会解决问题的方法;然后指导学生说,了解学生。

(2)扶上马,送一程。活动过程中学生自己乃至小组都没法解决问题时,教师要扶学生一程,同时再送他一程,举一反三,触类旁通,使其获得知识迁移的能力,从而培养其独立活动的能力。

(3)以探究为主。要充分满足学生的好奇心,发挥学生的探究力以及创造力,使学生各方面的素质得到提高。

5.评价多元

要创新对劳动教育课的评价,一方面评出成功的作品好在哪里,让学生探究作品如何做得更好;另一方面评出作品存在哪些缺点,让学生探究如何让作品得到合理修正。

6.特色实践

将劳动教育与必修课和选修课紧密结合,形成持续发展的教育特色;让学生选择活动内容，鼓励学生参与课外劳动实践；根据学生年龄特征、兴趣爱好开设各类兴趣活动组。对于劳动特长生，允许参加多个小组，允许学生自由组合，集中展现新时代魅力劳动教育的活动成果。

五、学习国外先进经验，不断提升劳动教育水准

美日等国极其重视中小学生劳动教育。美国每年都要举办越野、骑车、长跑等少年项目比赛，角逐运动冠军。据统计，中小学生每日劳动的时间，美国为 1 小时 12 分钟，加拿大为 45 分钟，德国为 40 分钟，中国只有不到 15 分钟；日本中小学组织学生严冬时身着短裤在户外长跑，培养学生钢铁般的意志。因此，我们要培养学生从小就热爱劳动，能劳动、会劳动、自觉劳动，养成勤劳的习惯，不断培养勇于担当、善于超越的素质，不断提升中华民族的整体素质。

六、完善、创新劳动教育保障机制

强化劳动教育领导保障。各地各校要加强对劳动教育的领导，始终把做好劳动教育工作作为发展教育事业的需要，推动劳动教育工作全面落地；各级教育部门的领导要敢于负责、敢于担当，理直气壮地抓劳动教育。

完善劳动教育保障机制。围绕劳动教育任务，要重点健全劳动教育制度，创新劳动教育机制，靠制度和机制的保障做好劳动教育工作。

依靠科学手段保障运作。加强劳动教育的基础能力建设，逐级抓好落实工作。加强劳动教育资源信息系统管理，更新完善各类数据，为领导决策提供完整、真实的信息。

加强教育管理部门自身建设。做好劳动教育工作，必须靠加强管理部门自身建设作为保障。

新时代劳动教育校本课程的开发与实施，给新时代的中小学劳动教育注入了新的活力，也让我们的校园充满浓厚、温馨的氛围。我校经过近几年的

深入研究与实践，在劳动教育师资队伍建设、劳动教育实践基地建设、劳动课堂教学、学校劳动特色建设等方面获得了一定的成果，劳动教育同必修课各学科进行有机整合，使教师的操作、指导与学生的主动实践相互结合，形成了主动探究、手脑结合、乐于合作和勇于动手的学习方式，为创新中小学劳动与技术实践研究做出了贡献，提高了学生的创新能力，促进了新时代的劳动教育教师理论水平的提高和专业能力的提高，为新时代学校的魅力教育特色建设做出了新的贡献。

恩格斯说过："劳动创造了人本身。"新时代的劳动教育，是一种因人制宜的幸福教育，是以智慧劳动创造生活的人生第一教育。要加强对劳动教育地位和作用的认识，全面推进劳动教育的实施，创造更加适合学生发展的魅力教育，全面提升学生的核心素养，为学生的终身发展与幸福发展奠基，要以劳动教育承载中国梦；要全面深化基础教育综合改革实验，要以劳动教育推进实现中国梦，为基础教育综合改革"先行先试"提供劳动教育的鲜活样板，创建中国基础教育现代化的劳动教育新品牌。

研学旅行课程化，打破"只游不学"窘境

研学旅行，是一种以实践和体验为主的学习方式，通过旅行的载体，达到研学的效果。然而，研学旅行不同于普通意义上的旅行或者旅游，它是一种项目式的学习，更着重于"研"，深入挖掘某些事物的关联和内涵。所以，只有因地制宜地深入研究和精心设计出内容丰富的课程，才能持续不断地吸引学生的兴趣，很好地培养学生的生活实践能力，培养学生的综合素养，让学生更好地适应未来社会发展的需要。

一、研学旅行，凸显集体生活的意义

研学旅行，可以让孩子以集体生活的形式，走出去开阔眼界、增长见识、探讨学习，这是一种活生生的"课堂"，是学校生活的生动延伸。

众所周知，集体生活对一个人的成长有着其他形态的生活所无法替代的积极意义，集体生活可以培养青少年负责任的态度和能力，培养人际交往的基本态度和能力，在集体生活中可以发展自己的个性，不断认识和完善自我。集体生活培养出来的团队观念和整体意识也是孩子"长大成人"的重要标志。

以北京实验学校小学部开展的研学旅行课程的实践为例：

每年6月下旬，小学毕业考试结束后，学校组织六年级的学生赴西安开展为期5天的毕业研学旅行课程。在研学旅行的过程中，每一个孩子都要严格遵守作息规律起床、吃饭、集合、出发。白天，孩子们针对一个共同的

课题或者一个任务，配合默契、分工合作，带着项目问题去行走、发现；晚上回到宿舍，还要讨论、学习。而这些"项目式学习"是在祖国美好的河山间，在愉快的旅行过程中完成的，这就是研学旅行寓教于乐的意义所在，也是孩子成长岁月中非常珍贵的记忆。

二、研学旅行，促进个体自主发展

培养学生的自我管理能力也是研学旅行的重要目的之一。一次策划有力、组织得当的研学旅行过程，不仅可以让孩子们的团队观念得以强化，也可以培养孩子们独立自主的意识，明白自己身上的责任。以北实初一6月的徽州研学旅行为例：

每个班的孩子都按照自己的爱好和特长分到不同的组里并被赋予角色：有的是生活组成员，负责后勤服务；有的隶属宣传报道组，每天要当"小记者"，及时采访报道；有的隶属安全管理组，负责沿途的安全……孩子们从完成各自的任务中，感悟和学习到什么叫责任和担当。这是在生活实践中培养孩子自我管理能力的绝佳途径，可以让学生学会合理分配和使用时间与精力，合理规划行程安排，妥善使用和管理自己的物品，提升达成目标的持续行动力等。

同时，通过不同内容的研学旅行，还可以让孩子正确地认识与评估自我，从而依据自身个性和潜质正确选择适合自己的人生发展方向。

北实的研学旅行设计，就是要有意识地让孩子们离开父母的监护，自己独立去面对和处理饮食起居、物品管理、寻求帮助等一切事情，让孩子在真实的社会中去锻炼，在有设计的活动中培养他们的角色意识和担当精神，让他们在压力面前、问题面前，通过自己的努力去完成一定的任务，践行自己的责任。而这种艰苦奋斗的过程中责任意识的养成对孩子的成长来说是非常珍贵的，研学旅行的意义正在于此。

三、研学旅行，让课堂变得更加立体

比起课堂学习，研学旅行的社会大课堂，更容易加深学生对学科知识的理解和掌握，让学生能够直接感受到更多的实际获得。所以，研学旅行还有一个大的意义在于：让课本上的知识"鲜活"起来，让历史中的人物走下"神堂"，变得可触摸、可对话。

在研学旅行课程的设计实施中，我们侧重全面渗透各学科的知识，让学生得到直接的感知和体验。比如，我们在一次以"成都巴蜀文化"为主题的研学旅行中，在杜甫草堂设计实施了语文诗歌相关知识的学习；在武侯祠设计了三国历史知识的学习；在三星堆和沙河遗址设计了考古和巴蜀文明知识的学习；借助观看和参与川剧表演的载体实施艺术文化的教育；在都江堰水利工程和郫县安龙村水利灌溉工程考察中，设计了水力发电原理的学习（物理知识），都江堰水利工程的学习（地理知识），大熊猫濒危动物保护、生物污水净化系统、生态农业与沼气制备的学习（生物知识），水质检测的学习（化学知识）……而且，每个课程还专门聘请相关学科的专业人员进行指导讲解、答疑和组织问题竞答。这种将学科知识渗透到研学活动中的课程设置，既让学生提升了人文积淀、人文情怀和审美情趣，又培养了学生理性思维、批判质疑和勇于探究的精神。

另外，五千年的灿烂文明，九百六十万平方公里的中华大地，承载着深厚悠久博大的中华文化。因此，在研学旅行课程中，除了学科设计，我们每期设定一个人文主题，将其作为学校开展理想信念教育、爱国主义教育、传统文化教育的重要载体，培养学生的社会责任感、创新精神与实践能力的主要渠道。在这样的课程设计中，孩子们的爱国主义情怀被激发，集体主义精神被提振，自我管理的能力得到提升，理论运用实践的能力得到发展，研究、思考、实践、创新的能力得到培养与开发。在研学旅行的大课堂中，每一个学生都有实际获得。

四、研学旅行，需全社会通力配合

目前，我国正在大力推动新一轮课程改革、中高考改革，其中的一个核心出发点就是希望改变以应试教育为核心的教育体制，培养孩子的综合素质，让每一名孩子找到自己的特长和兴趣，并和未来的职业选择、人生发展联系起来。

理念支配行为，很多研学旅行之所以没有发掘出研学的价值，就在于没有教育元素的设计。所以，要将研学旅行转变为立德树人的教育实践，还需要社会、家庭和学校彻底转变应试教育的观念，切实从学生适应未来社会的核心素养出发，将培养学生适应未来社会需要的综合能力作为教育的指导思想，并从改变教育理念、提升责任意识和资金支持三个方面予以配合。

没有担当意识是研学旅行难以实施的重要障碍，因为开发研学旅行课程需要大量繁琐细致的准备工作，如研学课程方案的设计研发，以主题项目学习的方式科学设计研学手册，通过家长会的形式在思想上得到家长的支持，全国各地全陪导游、地接导游和研学单位的对接协调，整个研学行程中学生吃、住、行的安排，学生的研学旅行成果如何内化、固化和拓展等问题，都需要耗费组织者相当大的精力。尤其是安全问题的防范、临时问题的处理等，都是对研学旅行组织者的严峻考验，这需要教育主管部门、学校领导、老师有奉献精神和担当意识，更需要学校、家长、旅行社和研学基地的通力配合。同时，研学资金的筹措也是研学旅行落实的重要障碍，需要当地政府、教育主管部门、学校和家长共同支持，才能打破"只游不学"的窘境，让孩子们通过研学旅行有实际获得，从而促进我国中小学生核心素养的全面提升和中华民族综合素质的提高，助推中华民族的伟大复兴和中国梦的顺利实现。

PART 3

第三辑

觉知自身的成长潜力

人生中最不能缺失的是信念

人生是一个在实践中奋斗的过程，要使生命富有意义，就必须在有意义的奋斗目标指引下，沿着正确的人生道路前进。理想信念是激励人们向着既定目标前进的动力，是人生力量的源泉。要努力发现人生的美好，找到人生的追求与目标，坚守自己的理想与信念，支撑自己坚强生活下去。信念是人生的支柱，是沙漠中的绿洲，是航海时的灯塔。一个人有了坚定正确的理想信念，就会以惊人的毅力和不竭的努力，成就事业，创造奇迹。

一、信念的魔力：即使出身贫寒，也能创造卓越的人生

每个人来到这个世界上，具有不同的遗传基因与个性特质，具有不同的家庭文化与社会背景，我们没有办法选择自己的父母，选择自己的出身，但我们有能力选择自己的未来，选择自己的人生。即使你出身贫寒，天赋平平，但如果你有执著的信念，能持续地奋斗、不断地挑战、勇敢地超越，你也能创造出自己的成功人生。如果你正在埋怨命运不眷顾，那请记住：命，是失败者的借口；运，是成功者的谦词。命运掌握在自己手中！埋怨，只是一种懦弱的表现；努力，才是人生应有的态度！

有这样一个真实的故事：

美国西部的一个小乡村，一位家境清贫的少年在 15 岁那年，写下了他气势不凡的一生的志愿："要到尼罗河、亚马逊河和刚果河探险；要登上珠

穆朗玛峰、乞力马扎罗山和麦金利峰；驾驭大象、骆驼、鸵鸟和野马；探访马可·波罗和亚历山大一世走过的道路；主演一部《人猿泰山》那样的电影；驾驶飞行器起飞降落；读完莎士比亚、柏拉图和亚里士多德的著作；谱一部乐曲；写一本专著；拥有一项发明专利；给非常穷的孩子筹集100万美元捐款……"他洋洋洒洒地一口气列举了127项人生的宏伟志愿。不要说实现它们，就是看一看，就足够让人望而生畏了。

少年的心却被他那宏大的一生的志愿鼓荡得风帆劲起，他的全部心思都已被那一生的志愿紧紧地牵引着，并让他从此开始了将梦想变为现实的漫漫征程，一路风霜雪雨，硬是把一个个近乎空想的夙愿，变成了一个个活生生的现实，他也因此一次次地品味到了搏击与成功的喜悦。44年后，他终于实现了一生的志愿中的106个……他就是上个世纪著名的探险家约翰·戈达德。

当有人惊讶地追问他是凭借着怎样的力量，让他把那许多注定"不可能"都踩在了脚下，他微笑着如此回答："很简单，我只是让心灵先到达那个地方，随后，周身就有了一股神奇的力量，接下来，就只需沿着心灵的召唤前进了。"

人不是靠他生来就拥有一切，而是靠他从学习中所得到的一切来造就自己。成功的要素掌握在你自己的手中，人一定要有追求，要有梦想，你究竟能飞多高，首先取决于你有一个想飞多高的信念和心态。一个人的成就绝不会超过他的信念。人的思维有多远，人就能走多远，一个没有伟大理想的人，绝无可能成就伟大的事业。

二、信念的神奇：即使遭受厄运，也能点燃希望的火炬

人，只要有一种信念，有所追求，什么艰苦都能忍受，什么环境也都能适应。只要厄运打不垮信念，希望之光就会驱散绝望之云，在荆棘道路上，唯有信念和忍耐能开辟出康庄大道，迎接胜利的曙光。

有人讲过这样一个耐人寻味的故事：

一场突如其来的沙漠风暴使一位旅行者迷失了前进的方向。更可怕的是，旅行者装水和干粮的背包也被风暴卷走了。他翻遍身上所有的口袋，找到了一个青青的苹果。"啊，我还有一个苹果！"旅行者惊喜地叫着。他紧握着那个苹果，独自在沙漠中寻找出路。每当干渴、饥饿、疲乏袭来的时候，他都要看一看手中的苹果，抿一抿干裂的嘴唇，心里便会增添不少力量。

一天过去了，两天过去了。第三天，旅行者终于走出了荒漠。他始终未曾咬过一口的青苹果，已干巴得不成样子，他却宝贝似的一直紧紧抓在手里。

在深深赞叹旅行者之余，人们不禁感到惊讶：一个表面上看来多么微不足道的青苹果，竟然会有如此不可思议的神奇力量。信念的力量在于，即使身处逆境，遭受厄运，亦能帮助你扬起前进的风帆；信念的伟大在于，即使遭遇不幸，亦能召唤你鼓起生活的勇气。信念，是蕴藏在心中的永不熄灭的火焰。信念，是保证一生追求目标成功的内在驱动力。信念的最大价值是支撑人对美好事物孜孜以求，坚定的信念是永不凋谢的玫瑰。

三、信念的伟大：即使遇到险境，也能扬起生活的风帆

古今中外一些著名的革命家、科学家之所以产生惊人的毅力和巨大的动力，能在十分艰苦、特别危险的环境里战胜邪恶、克服困难，并获得事业上的成功，一个重要原因就在于崇高的理想信念是他们取之不尽、用之不竭的人生力量源泉。邓小平曾说："为什么我们过去能在非常困难的情况下奋斗出来，战胜千难万险使革命胜利呢？就是因为我们有理想，有马克思主义信念，有共产主义信念。""在我们最困难的时期，共产主义的理想是我们的精神支柱，多少人的牺牲就是为了这个理想。"

《动物世界》中有这样一个场景：

一群迁徙的野牛在行进途中，突遭数只猎豹的袭击。刚才还悠然自得的牛群顿时像炸了窝的马蜂，惊恐地四处奔逃。一只只野牛在奔跑中被扑倒，没有搏斗，挣扎也是那样的有气无力，只是哀鸣了一声，即成了猎豹的食物。就在我为野牛感到惋惜时，突然，一只看似弱小的野牛，就在快被猎豹追上的刹那，突然停住，努力将身体的重心后移，奔跑的四蹄成了四根铁杆，直直地斜插在地上，身体周围随即腾起浓浓的尘土。在这生与死千钧一发之际，这只野牛停住了，我的心旋即提到嗓子眼。我的担心是多余的。急停下来的野牛，不但没有被猎豹吓倒，反而转过身来，愤怒地沉下头，扬起头顶上那一双尖尖的硬硬的角，猛抵冲过来的猎豹。那只不可一世的猎豹，还没有看清眼前发生的一切，就被野牛角抵住了身体、扎进了肚子，猎豹被高高扬起，抛向空中。奔跑的野牛们还在拼命地奔跑，而制造死亡的其他猎豹却惊呆了，先是顿立，继而掉头逃走。

被猎豹追捕，多么惊恐万分，面临死亡回首痛击，真是置之死地而后生。野牛是动物世界中身体强壮却胆小的群体，又是生存中求实惠缺乏灵性的动物。在这突如其来的灾害面前，它们唯一的选择就是逃跑。逃跑的路线又是那么单一，一个劲地往前冲，往往成了猎豹最好的捕捉品。而一旦被捉住，只有任其猎杀。自然的本能，拙劣的求生，悲惨的结局。我不知道为什么唯有那只野牛不像它的父母兄弟姐妹，不以奔逃求生，而是选择以战求生——回首痛击，战胜死亡。

是的，这是信念的力量，这是精神的力量！信念是成功的起点，是托起人生大厦的坚强支柱。在人生的旅途中，不可能总是一帆风顺、事遂人愿。有的人身躯可能先天不足或后天病残，但他却能成为生活的强者，创造出常人难以创造的奇迹，这靠的就是信念。对一个有志者来说，即使处于危险的境地，也能置之死地而后生，陷之亡地而后存，信念使其始终抬起头，看到明日的阳光。信念是立身的法宝，成就未来的希望。

四、信念的魅力：即使身陷困窘，也能保持高洁的品行

"富贵不能淫，贫贱不能移，威武不能屈"，就在于内心有着坚定的信念。我国历史上有过很多对国家、对信仰"至死不渝"的例子。苏武留居匈奴19载，哪怕终日卧雪吞毡，哪怕再多威逼利诱，也丝毫不辱国体。"人生自古谁无死，留取丹心照汗青"的文天祥，坚持民族气节至死不变。面对拷问"概不知之"的李大钊、"最勇敢的战士"范鸿吉等，把对祖国的热爱化作最坚定的信念，就会强大到无所畏惧，带着对革命胜利的无比坚定的信念慷慨就义，表现出崇高圣洁的品行。

成功学家拿破仑·希尔在演讲中曾经讲过这样一个故事：

一个叫塞尔玛的女士陪伴丈夫驻扎在沙漠中的陆军基地，丈夫奉命去沙漠演习，她一个人留在铁皮房子里。天气很热，身边只有语言不同的墨西哥人和印第安人，没有人可以和她聊天。她非常难过，于是就写信给父母，说要丢开一切回家去。她父亲的回信就两行字，但这两行字却永远留在了她的心中，且完全改变了她的生活。

这两行字是这样写的：

两个人从牢笼的铁窗望出去。

一个人看到泥土，一个人却看到了星星。

塞尔玛不断看这封信。待她终于明白的时候，不禁非常惭愧，于是她开始了另一种生活，她开始研究沙漠中的仙人掌等沙漠植物，观看沙漠日落，难以忍受的环境变成了令她流连忘返的奇境。一念之差，她把恶劣的环境变成了一生中最有意义的一次旅行。后来她还写下了一本书，轰动一时。她从自己造的牢房里看出去，终于看到了星星。

其实，一切都没有变，改变的只是她的心态与信念。

四川凉山彝族自治州木里藏族自治县"马班邮路"投递员、共产党员王顺友，20多年来在人迹少见的察尔瓦雪山和雅砻江河谷艰辛跋涉，经历了数

不清的艰难险阻，谱写了一曲曲为民服务的理想壮歌。正如他在自编山歌中所唱的："为人民服务不算苦，再苦再累都幸福。"平凡工作中的崇高理想信念，使得这位大凉山中的"香巴拉信使"被人们赞誉为"时代先锋"。

伟大的作品不只是靠力量完成，更是靠坚定不移的信念。"孩儿立志出乡关，学不成名誓不还。埋骨何须桑梓地，人生无处不青山。"这首诗是少年毛泽东走出乡关、奔向外面世界的宣言书，表明了他胸怀天下、志在四方的理想信念。正因为有这种伟大的信念，即使身陷困窘，也能保持高洁的品行；无论遇到多大的磨难挑战，也能坚强面对、勇敢挑战，取得最终的伟大胜利！

漫漫人生路，且让我们怀有一种健康而活泼的心情，善待自己的生命，用热情去呵护梦想，用豁达去接受挫折，用信念告慰灵魂。只要心存信念，困难和挫折便都无法阻拦我们奋进的脚步，无法挫败我们那颗坚定不移的心。信念，它是锤炼我们钢铁意志的熔炉，造就我们无坚不摧的意志，不屈不挠的品质。经历过春夏秋冬，生命才会有长度；经历过酸甜苦辣，生命才会有厚度；经历过崇山峻岭，生命才会有高度；经历过艰难磨炼，生命才会有强度；经历过成功喜悦，生命才会有亮度。请记住：在人生的道路中最不能缺失的是信念，即使跋山涉水、遭遇坎坷荆棘，拥有信念，就拥有一份坚定，就拥有一份上足了发条的动力，就能不畏艰难险阻，微笑面对，从容走过，勇敢抵达。

学会创造自己的卓越人生

思考人生，需要把每一段历程放到人生的坐标系中去思考，只有以更长远的眼光来看待生命、看待人生，才会思考出生命的意义、价值、目标。在思考自己人生道路的时候，有一个非常科学又有效的方法——由终点开始思考。譬如：70岁时你在哪里？你在干什么？你有何成就？回想起你的人生是无怨无悔，还是后悔莫及？自己的一生究竟给国家、给社会、给家人带来什么？……当明确了这些问题的时候，你就会知道在人生坐标系中的每一个阶段应该干什么，各自应该达到什么程度。每一个人都需要理性思考人生，需要对人生进行战略谋划，需要去担当起人生的使命、扛起生命所赋予的责任……

走过36年的教书生涯，经历过探索教育改革的多层体验，收获了教育的累累果实，真实体会到酸甜苦辣都有营养，春夏秋冬都在成长。没有坎坷不叫人生，没有坚持不达目标，没有攀登不能超越，没有挑战不会成功。

记得几年前，走过人生半百的那一天，写下了自己的十个人生感言：

（1）如果你要成为不一般的人，你就不要像一般人一样生活。

（2）人生永远不会缺舞台，人生舞台的大幕随时都可能拉开，关键是你能不能表演，能不能演绎生命的精彩。

（3）人的才华就如海绵里的水，没有挤压，它是绝对流不出来的。真正的人才，总是善于向自己施压。

（4）再长的路，一步步也能走完；再短的路，不迈开双脚也走不完。

（5）成功者，总是不轻易改变目标，而是想方设法改变自己；不成功者，总是不断改变目标，而不轻易改变自己。

（6）成功不是将来才有的，而是从决定去做的那一刻起，持续累积而成。

（7）对目标的坚定是性格中最必要的力量源泉之一，也是成功的利器之一。没有它，天才也会在矛盾无定的迷径中徒劳无功。

（8）如果你想改变这个世界，你会从哪开始？先改变自己，还是先改变他人？我相信，如果我们能从自身开始，做我们该做的那些事情，并且成为我们能够成为的最优秀的人，通过自身影响和带动身边的人，我们就会有更多的机会使这个世界变得更加美好。

（9）每个人生来就有自己的天赋，找到你自己的天赋并热爱它，这样，你就能掌握自己的命运，就能创造出超乎我们想象的成就。

（10）仰望天空时，什么都比你高，你会自卑；俯视大地时，什么都比你低，你会自负；只有放宽视野，把天空和大地尽收眼底，才能在苍穹与泛土之间找到你真正的位置。无须自卑，不要自负，坚持自信。

一、卓越者的特征

每个人都在自己的时区，你未曾落后，也从未领先。纽约时间比加州时间早三个小时，但加州时间并没有变慢。有人 22 岁就毕业了，但等了五年才找到好的工作！有人 25 岁就当上 CEO，却在 50 岁去世。有人到 50 岁才当上 CEO，然后活到 90 岁。世上每个人本来就有自己的发展时区。

身边有些人看似走在你前面，也有些人看似走在你后面，但其实每个人在自己的时区有自己的步程，不用嫉妒或嘲笑他们。他们都在自己的时区里，同样地，你也是！生命就是在平凡中坚守，在平凡中抓住机遇，用行动赢得发展。所以，放轻松，你没有落后，你也没有领先，在命运为你安排的属于自己的时区里，一切都准时。

盲目地让自己追求不平凡，反而会促成自己的平凡。所有的不平凡，都源自于有能力过平凡的日子。所有的不平凡，都是在平凡中成就的。

不平凡不是刻意追求的结果，而是在平凡中坚守、坚韧、坚持、坚定，几十年奋斗、沉淀的结果。

每个进入 18 岁的年轻人，有幸成为社会公民。每个公民不仅有法律所赋予的权利，更应该担当起时代所赋予的使命。这种使命决定了他的责任、义务、作为以及事业。

1. 合格的社会公民

法律是一个国家对全体公民的最低要求和最基本要求，你必须遵守法律，上到总统下到打工仔，最起码得有社会公德。全体公民必须具备最起码的人性，才能成人，这是最低的标准。

2. 优秀的社会公民

每个单位都有纪律与规则，在遵守法律的基础上还要遵守单位的纪律与规则。一个医生，真正遵守了医院的纪律与规则，他就有了很好的医德；一个老师，真正遵守了教学纪律与规则，他就是一个好的有师德的老师。有了好的职德才懂得什么叫人道，人道主义还是要提倡的。懂得什么是人道，自主努力地学习与工作，才会成才。

3. 卓越的社会公民

最高境界就是自律，自律不是社会对你的强迫要求，而是你的自我要求。自律是比法律更高的要求，有了高尚的个人品德才会有人格魅力，到最后才会成功。我们的教育工作者应该科学地开展素质教育，提供最好的教育，推动孩子更好地成长。

每个人在生命的旅途中，要不断地反思过去、积累经验，憧憬未来、展现智慧，要自觉开展"三律、三德、三人、三成"的自我教育，不断推动自身生命成长、壮大、超越。

自我教育	合格公民	优秀公民	卓越公民
三律教育	法律	纪律	自律
三德教育	公德	职德	道德
三人教育	人性	人道	人格
三成教育	成人	成才	成功

二、有梦才有卓越未来

只有创造过辉煌的民族，才懂得复兴的意义；只有历经过苦难的民族，才对复兴有如此深切的渴望。中国梦，反映了近代以来一代又一代中国人的美好夙愿，进一步揭示了中华民族的历史命运和当代中国的发展走向，指明了全党全国各族人民共同的奋斗目标。

中国梦归根到底是人民的梦。人民是中国梦的主体，是中国梦的创造者和享有者。中国梦必须紧紧依靠人民来实现，必须不断为人民造福。实现中华民族伟大复兴，不是哪一个人、哪一部分人的梦想，而是全体中国人民共同的追求；中国梦的实现，不是成就哪一个人、哪一部分人，而是造福全体人民。因此，中国梦的深厚源泉在于人民，中国梦的根本归宿也在于人民。

每一个中国人都应该有自己的梦想，要把自己的梦想融进伟大复兴的中国梦之中。每一个人的梦，须是符合社会主义核心价值观的梦，符合时代精神的梦，符合中华民族文化的梦。

1. 目标引领自己走向成功

哈佛大学研究人员曾于 1979—1989 年间对毕业生做过一个长达十年的追踪调查。

1979 年，哈佛大学 MBA 专业的毕业生被问及这样的问题："你是否有明确的生活目标并把它写下来了？你是否制订好了计划去实现它？"调查对象的智力、学历、环境等条件都差不多。调查结果发现，只有 3% 的毕业生有清晰的目标并把它写了下来；13% 的毕业生有目标却没有写下来；其余 84% 的人除了打算离开学校后好好过个暑假以外，什么目标也没有。

十年以后，也就是 1989 年，研究人员又找到了当年那些被调查的学生。他们惊奇地发现：当初那 13% 制定了目标但没有写下来的毕业生挣的钱，是那些没有目标的 84% 的毕业生的两倍；而最令人惊奇的是，当初那些目标明确，而且把目标写下来的 3% 的毕业生，他们挣的钱是其余 97% 的毕业生的十倍（均指平均薪酬）。十年来，他们始终朝着同一个方向不懈地努力，十年后，他们几乎都成了社会各界顶尖成功人士，其中不乏白手创业者、行业领袖、社会精英。他们不仅自己获得了成功，更重要的是为社会创造了财富，推动社会的进步、民族的振兴、国家的富强。这就是目标的力量！

蒙迪·罗伯特上高中时，老师出了一道作文题，让同学们谈谈自己的梦想。罗伯特兴奋无比地将心中蕴藏已久的梦想——拥有一个牧马场——详尽地写出来，足足用了七张纸，还配有一张 200 英亩牧马场示意图，有马厩、跑道、种植园、房屋建筑和场内平面设计图。在昏黄的灯光下，罗伯特沉浸在英姿飒爽纵横驰骋于牧马场的梦境中。可是，老师在他的作业上批了个大红大红的"差"字，犹如一盆冷水从天而降。下课后，他满怀迷惑地找到老师，不解地问："我为什么得'差'？"老师是个有一点儿绅士派头的、相貌冷峻的男子。他平静地看着这个几乎和他一般高的毛头小伙子，说："我很欣赏你作文的那份苦劲。但是，对于一个像你这样的孩子来说，这个理想太不现实，你出身于贫困家庭，要拥有一个牧场，需要很多钱买地买种畜和其他许多东西，你根本无法实现这些！"老师停了一会儿，接着说："如果你重做这份作业，确定一个现实些的目标，我可以考虑重新给你打分。这个分数对你来讲是非常重要的，我并不是想为难你。"这个分数，是罗伯特能否毕业的关键。回家后，他左思右想，不知如何是好，便问父亲怎么办。父亲说："你已经不小了，要学会自己拿主意，这对你是一个重要的决定。"

一个星期以后，罗伯特把这份作业原封不动地退还给老师，十分坚定地说："您可以不改动这个'差'字，我也不想改变我的梦想。"功夫不负有心人，18年后，罗伯特经过不懈的努力终于有了一个200英亩的牧马场，实现了自己的梦想。

那个老师知道后，不无歉意地说："蒙迪，现在我意识到，当我是你的老师时，我是个专门偷梦的贼。那些年我可能偷走了许多孩子的梦，幸运的是，你是那样的矢志不移，那样的勇敢，从始至终都没有放弃你的梦。"

其实，每个人在其成长的道路上，都会有许许多多瑰丽多彩的梦，它们极有可能是我们明天成功事业的雏形，但是，往往由于立场的不坚定、生活的挫折、经济的拮据，以及别人的"好言相劝"而夭折。记住，别让人偷走你的梦。

爱因斯坦在《我的世界观》中写道："每个人都有一定的理想，这种理想决定着他努力和判断的方向。……照亮我的道路，并且不断地给我新的勇气去愉快地正视生活的理想，是善、美和真。"

2. 何谓"大写"之人

人之大者，未必官之大者，钱之大者，名之大者，但必为志之大者，境之大者，慧之大者。

人之大者，必有大志向：心中有祖国，心中有人类；绝非如人之小者汲汲于一己一家之私利。

人之大者，必有大境界：求真，求善，求美；绝非如人之小者物欲之外再无精神追求。

人之大者，必有大智慧：自知知人，实事求是，追本溯源；绝非如人之小者自欺欺人，弄虚作假，舍本逐末。

全军挂像英模、"献身国防科技事业杰出科学家"林俊德，他是谁？相信99%的中国人都是第一次听说这个名字。他是一位将军，更是一位院士，他一辈子隐姓埋名，52年坚守在罗布泊，参与了中国全部的核试验任务，他活了75年都默默无闻，却因离世几个小时前的一张照片，感动了整个中国。他是一位时代英雄，14亿中国人心中的真正英雄。在他的身上书写出这个时代最动人的故事，演绎着最辉煌的人生！他是中国梦的践行者，他的心中有着民族振兴之梦、祖国富强之梦。他是当代中国人学习的楷模。心中有榜样，前进有力量，让我们怀揣梦想、坚持不懈、矢志不渝、奋勇前行！

三、卓越来自平时的积累

"不积跬步，无以至千里；不积小流、无以成江河。"卓越来自精心做好每一件小事，卓越来自几十年的用心积累，卓越来自终身学习与智慧创造。

1. 卓越来自点滴积累与坚持不懈

如果把张三今天的个人起点定位为 1，今天能前进 1%，那明天的起点就是 1.01，如果每天都比上一天前进 1%，一年后个人起点就是 $1.01^{365}=37.8$；

如果把李四今天的个人起点定位为 1，今天退步 1%，那明天的起点就是 0.99，如果每天都比上一天退步 1%，一年后个人起点就是 $0.99^{365}=0.03$。

每天改变一点点，人生就有大变化；

每天进步一点点，人生就有大跨越。

没有比人更高的山，没有比脚更长的路；

大海无边天做岸，高山有顶我为峰。

2. 卓越人才都是从"刻意练习"中走出来的

如果你想获得人生的巨大成功，除了埋头苦干外，还必须坚持不懈地"刻意练习"，你必须学会如何对结果进行分析，如何从失败中吸取教训，只要按照科学的方法进行"练习"，每个人都有可能获得巨大成功，而不仅仅取决于你的智商与情商。矢志追求者必须勇于从平凡中崛起，在长期的积累中丰富人生智慧，孕育自己的优秀。

在 1984 年的东京国际马拉松邀请赛中，名不见经传的日本选手山田本一出人意料地获得了冠军。当记者问他是如何取得如此惊人的成绩时，他说了这么一句话：用智慧战胜对手。当时许多人都认为这个偶然跑到前面的矮个子选手是在故弄玄虚，马拉松比赛是考验体力和耐力的运动，只要身体素质好又有耐性就有望夺冠，爆发力和速度都在其次，说用智慧取胜简直有些开玩笑的意思。于是，当时的报纸充满了对山田本一的嘲讽。没想到两年后，在意大利国际马拉松邀请赛上，山田本一代表日本参加比赛，他又获得了冠军。这次记者又请他谈经验。他回答的仍然是上次那句话：用智慧战胜对手。面对这位名将，这次记者在报纸上没有挖苦他，但对他所说的智慧仍迷惑不解。

十年后，这个谜终于被解开了，他在自传中是这么说的："每次比赛时，我都要乘车把比赛的线路仔细地看一遍，并把沿途比较醒目的标志画下来，比如第一个标志是银行，第二个标志是一棵大树，第三个标志是一座红房子……就这样一直画到赛程的终点。"

"比赛开始，我就奋力地向第一个目标冲去，完成第一个目标后，我又以同样的速度向着第二个目标冲去。40多公里的赛程，就被我分解成这么几个小目标轻松地跑完了。起初我并不懂得这样的道理。我把我的目标定为40多公里外终点线上的那面旗帜，结果我跑到十几公里时就疲惫不堪了，我被前面那段遥远的路程给吓倒了。"

在现实生活中，我们做事之所以会半途而废，其中的原因，往往不是难度较大，而是觉得成功离我们较远。

积累需要长期进行，没有最好，只有更好。积累需要一个理性思考的大脑与执著奋斗的精神相结合；积累需要量达到一定程度才能有质的飞跃；积累是对人的信仰、品质、毅力、精神的考验。在积累中创造业绩，在积累中孕育优秀，在优秀中追寻卓越。

四、卓越需要不断创造自我冠军

冠军：第一名。冠军一词由来已久。远在公元前209年，中国历史上爆发了第一次大规模的农民起义。当时楚国有一位奋起反抗赢秦暴政的大将宋义，英勇善战，十分威武，秦兵屡屡败于他的手下。由于他战功赫赫，位居诸将之上，于是楚军将士赠给他一个光荣的称号："卿子冠军"。《史记·项羽本纪》中有这样的记载："诸别将皆属宋义，号为卿子冠军。"这是中国历史上第一个荣获"冠军"称号的人。

你也许永远都不会成为冠军，但是你的内心深处，一定要有一个冠军梦。因为内心有冠军梦，就永远会逼迫自己超越极限；因为内心有冠军梦，就永远都在不停地进步中；因为内心有冠军梦，你才有可能成为冠军。

有时候当你说，"我已经尽力了"，你就已经输了，只有止步不前的人才会说"我已经尽力了"，追求极致的人永远不会认为自己已经尽全力了。他们不在乎其他人的眼光，也不会与其他人做什么比较，他们只会跟自己去比，不断地推动自己超越极限，不断地驱动自己努力成长，这才是追求卓越之人的所作所为。

1.非凡的激情可以创造卓越的成果

什么叫目标？朝思暮想、做梦都想、时刻都想，而且一想起就热血沸腾、激情喷发，那才叫目标！学会选择、坚守目标、顽强拼搏，创造属于自己的辉煌！

什么叫信念？经历过冷嘲热讽、人情冷漠、三番四次的跌倒打击、几乎绝望的境地，还咬牙前行、奋战到底，那才叫信念！

什么叫坚强？经历过半夜抱头痛哭、内心的孤寂与寒冷而依然坚定初衷、矢志不渝、越挫越勇，那才叫坚强！

什么叫淡定？面对诱惑而毫不动心、面对打击而面不改色，纵然困难重重也微笑前进、充满信心，那才叫淡定！

什么叫团队？一起经历过风雨洗礼、跌宕起伏、浴血奋战、荣辱与共、艰难困境，依然迎难而上，创造奇迹，那才叫团队！

什么叫事业？一群志同道合的人一起干一件一生都干不完的有意义的事，实现生命的更高价值，那才叫事业！

2. 不懈超越走向卓越未来

自古以来，成王败寇，人们往往以成败论英雄。导向成功的因素很多，导致失败的原因千奇百怪。在"大众创业，万众创新"的当下，每一位有激情、有担当、有作为的国民，要感恩时代的赋能，心潮澎湃起来，投身创业的舞台，发挥自己的才能，不懈超越自我，努力奔向卓越未来。

每一个人在事业上有了起步，有了感悟，总结了一些经验，发现了一些规律，也取得了不错的成绩，应以此为台阶，找到攀登的脚手架，再拾级而上，坚韧坚持、永不满足、永远向前。

合理高效地管理时间是走向卓越的开始。人生是由时间聚合而成，人每天醒来拥有的最大资本是拥有新的 24 个小时，如何利用与开发，是每一个人不得不思考与探索的问题。儒家一直强调"慎独"对个人成长的重要性，其中包含两个层面上的涵义：一是独处时的高度自律能力，二是沉淀时独立思考的能力。这是人从优秀走向卓越的基础原力。高度自律的人能够对时间进行合理安排，包括工作时间和业余时间。饱满的工作状态不仅能提升自己的业务技能，也能丰富自己的职场经验。而业余时间的利用，则是为自己充电，提升综合素质的有利途径。很多人在业余时间充电，但是感觉没什么提升，这是因为没有很好地转化和吸收，没有量的足够积累，不懂得独立思考，将知识转化为工作效能和成果。独立思考能力是一个人创造力的直观表现，能间接反映出一个人的成长潜力和走向卓越的高度。

第二步就是要学会"顺势而为"地分析，审时度势地考量。我们必须认真分析当下所处的宏观环境和微观环境。宏观方面，我们正处在智能信息化时代向智能机器人时代过度的演化期，对这一客观事实必须有一个清晰的认知。微观方面，我们应该清醒地认识到，在这一宏观背景下，自己的优势和可利用的资源是什么。我们应顺应大势，而不能盲目从众，守正居奇，才能一鸣惊人。"顺势而为"就像西天取经，目的和大方向早已明确，剩下的就是如何以卓越的能力和才华在众多竞争者中脱颖而出，取得最后的胜利。

第三步就是时刻注意规避风险，做到"内圣而外王"。要明确自己有什么，要什么，该放弃什么。向内看自己的优点、缺点、格局、心界、才华；向外看自己的优势、劣势、机遇和挑战。走向卓越的征途不会一帆风顺，一路上会充满诱惑、坎坷、逆境。这个时候就考验个人前期的修炼程度、定力和意志力了。有利于自己走向卓越的因素积极发扬，不利于自己走向卓越的风险因素及时规避。"内圣而外王"是一个人修为的高级境界，必须正其心，诚其意，随时突破自我，以永恒的意志力为基石，不断寻求自我的飞跃和升华。

追求卓越的道路漫长而艰辛，没有持久的意志力是不能长久的，也不会达到彼岸的目的地。最难做到的往往就是坚持、持之以恒地恪守当初的使命，不忘初心，不懈奋斗。只要我们达到"内圣而外王"的境界，合理高效地管理时间，学会"顺势而为"地分析时局，就能不懈超越，走向卓越未来。

我们在见证历史，我们也在参与历史、创造历史。每个人的生命都可以更精彩，关键在于要牵着圣贤的手，大家要手牵着手、心连着心，砥砺夹持，共致良知。融入建设人类命运共同体这一伟大而永恒的事业，我们每个人的生命才会更有力量，才会更加崇高、美好、长久。没有等出来的美丽，只有拼出来的辉煌，让我们插上梦想的翅膀，在奋斗中快乐地飞翔，飞向卓越的远方！

迈向成功的"六步法"

　　人可以一辈子不爬山，因为锻炼身体的方式有千万种。但你心中一定要有座山，它使你前往高处，它使你总有奋斗的方向，它使你任何一刻抬起头都能看到自己成功的希望。冰心说："成功的花儿，人们只惊艳她现时的明艳！然而当初她的芽儿，浸透了奋斗的泪泉，洒遍了牺牲的血雨。"成功的背后一定经历过春夏秋冬之历练、酸甜苦辣之体验、坎坷攀登之挑战。成功来自一种优秀的习惯，那就是永远坚持。尤其是年轻人，不要让进取的心停止跳动。受挫一次，对生活的理解加深一次；失误一次，对世间的顿悟增添一成；不幸一次，对人生的认识成熟一度……这些都在为成功打基础，成功的奥秘在于目标明确，在于信心充足，在于精心策划，在于决心坚定，在于毅力不减，在于科学使用大脑。对于每个生命体来说，人生是单行线，只能回头看，积累经验，提升智慧；往前看，坚定勇敢地走下去，创造明天的美好，创造成功的人生！

一、明确梦想——走向成功的第一步

　　梦想的力量是伟大的。人要想得到更好的发展，必须有一个条件，那就是明确的目的，也就是知道自己想要什么。

　　让梦想起飞！"想成为什么样的人""想做什么样的事"的强力欲望，是梦想家起飞的基点。梦想不会来自冷漠麻木、游手好闲和不思进取。每个想取得成功的人都必须甘愿破釜沉舟，切断退路。你能被打败，是因为你不断接受失败的现实，不愿在失败中吸取教训，而是在失败中消沉了斗志。如果把失败看作成长的磨炼，引发足够的反思探索，善于从思考方式上改变，在行动中创新精进，那么，失败乃成功之母。

梦想变为成功的六个步骤：

第一，在脑子里设想一下自己想得到的成功是什么；

第二，明确自己能付出多大努力，去换取想要的成功；

第三，确定获得梦想中的成功的日期；

第四，确定实现一个梦想的明确计划，然后不论是否做好准备，立刻开始执行；

第五，列一份清晰、具体的清单，写下获得成功的最后期限，以及需要付出的代价；

第六，每周把这份清单读两遍，周六晚上睡觉前读一遍，周一早上醒来读一遍。

在奋斗的过程中，要常常想象已经拥有了那些预期的成功，让预期的成功带给自己心灵的力量、精神的强大、激情的迸发，沿着梦想的道路矢志不渝地去追求，在活力四射中去奋斗，不畏困难、勇于挑战、迎难而上、阔步向前，成功就在前方迎接你！

二、树立信心——走向成功的第二步

信心是一种积极的心理状态，它产生于对潜意识的不断肯定或反复暗示，也就是说，自我暗示能产生或创造信心。想象成功，提振信心，并相信梦想必将成真。

一切伟大的成就，首先来自强大的自信心；面对困难的勇敢挑战精神，也来自坚定的信心与执著的信念。培育自信、激励自信、强化自信、敢于自信，让自信成为人生的习惯，让自信带来胜利的曙光，让自信激发出强大的能量，就能在梦想的道路上加速前行！

信心是治疗失败的一剂良药。走向成功的路上绝不会一帆风顺，坎坷挫折会成为家常便饭，一次次失败、一次次考验，唯有信心强大，才会越挫越勇，不达目标誓不罢休。

自信秘诀：

第一，我知道，我有能力实现人生中的明确目标，因此，我要求自己坚持到底，继续前行，在此，我发誓要把这种力量变成行动。

第二，我知道，心中的主宰意念终会以外在、实际的形式表现出来，并逐渐转化为实实在在的事实，因此，我每天要花10分钟集中意念，想象自己未来理想的样子，从而在心中形成一幅清晰的图像。

第三，我知道，通过"自我暗示"原则，我心中积存已久的欲望，终究会经过某种能实现目标的方式表现出来，因此，我要每天花5分钟，要求自己培养自信心。

第四，我已清楚地写下一生中要实现的主要目标，我一定要不断努力，直到培养出实现目标所需的足够自信。

第五，我完全明白，成功与地位只有建立在真理与正义的基础上才会持久，因此，我绝不能做有损他人利益的事。

努力做一个自信的人。因为有信心的人，可以化渺小为伟大，化平庸为神奇；因为自信是一根柱子，能撑起精神广袤的天空，自信是一片阳光，能驱散迷失者眼前的阴影；因为有强大的信心，能使平凡的人们，做出惊人的业绩。

三、精心策划——走向成功的第三步

你正在从事一项对你很重要的工作，要确保成功，必须拥有完美无缺的计划。

首先，要对这项工作进行战略思考。要从宏观角度进行规划，对其时代背景、战略目标、创新措施、风险防范、战略保障、自评机制等进行科学思考、创新设计。通过战略思考，打开思维通道，也为自身的工作寻找诀窍、增添动力、激发潜能。

其次，要对这项工作进行流程设计。画出行动路线图，清晰地知道从哪儿出发，要到哪儿去，如何去，保持多大的速度与耐力前进，何时能达成目标等。

最后，要对这项工作的进展进行评价与诊断。要结合战略思考与流程设计，定期进行自我评估，诊断问题、寻找对策、发现优势、自我激励。自我诊断分析应该体现出缺点的减少和不断地进步，促进工作有序有效推进。

他山之石，可以攻玉。在精心策划中，你必须借助他人的经验、才能与想象力。从书本里、从他人的故事里、从集体智慧的汇聚里，获取灵感、发现规律，提升工作效能。每一个成功的人都曾站在别人的肩膀上前进，人类社会的进步发展都是在继承中创新、在创新中超越的结果。

精心策划是为了行事有导航系统、有章可循，工作起来运转高效，直逼目标。当然，任何一项事业都不会一蹴而就，而是要经历艰难困苦、玉汝于成。一个半途而废的人，永远不可能成功；成功的人，绝不半途而废。

四、下定决心——走向成功的第四步

决心是一种内心的动量。有决心的人具有一往无前的精神，表现出不一样的奋斗激情，能耐得住寂寞，经得起折腾，不忘初心，坚守目标，直到成功。

决心是坚定不移的意志。决心是对梦想的坚守，是对信心的强化，是对战略规划的坚定执行。有决心的人能在过程中反思，在过程中自我激励，在过程中凝聚力量，在过程中磨炼意志，在过程中增长才干。有决心的人眼光高远，在与种种困难坚决斗争的过程中，能把困难一个一个踩在脚下。他们认为失败乃成功之母，满怀信心、坚定信念、矢志不渝、创新挑战、不断超越、永远向前！

决心是自我超越的动力。超越是勇气的显露，超越是自信的勃发。当你卧薪尝胆终于战胜了困难，当你开足了马力终于抵达理想的彼岸，当你竭尽全力终于实现了奋斗的目标，你将为超越而幸福、而快乐、而自豪！

决心的对立面是拖拉，这是每个人都必须攻克的敌人。各行各业的成功者都是那些下定决心的人。决心的价值在于提供推动自我超越的蓬勃力量。有成功学者对25000名男性与女性的失败经历进行分析，发现没有决心位于31项失败主因的前列。有所想，才能有所得。只要行动，就会有收获。只要有决心，就能不断登上自己生命的又一高峰。

五、提升毅力——走向成功的第五步

毅力也叫意志力，是人们为达到预定的目标而自觉克服困难、努力实现的一种意志品质。毅力是人的一种"心理忍耐力"，是一个人完成学习、工作、事业的"持久力"。当它与人的期望、目标结合起来后，会发挥出巨大的作用。

有毅力的人能随时"挣脱"思想惰性，有高度的自制力、坚持力、耐挫力，最终能踏平坎坷。然而多数人一遇到挫折或不幸就会放弃自己的目标。只有少数人才会在一切逆境面前坚持不懈，最终实现目标。成功随时流向那些随时准备接纳它们的人，就像河水终将流向大海一样。

如何培养毅力？

第一，在强烈的欲望驱使下，拥有明确的目的。

第二，不断用行动体现出明确的计划。

第三，不受消极懈怠思想的影响，包括亲人、朋友和熟人等思想的影响。

第四，结交一个或几个能鼓励你依照计划和目标行事的人。

遵循这四个步骤，就可以掌握自己的命运，就可以拥有自己的独立思想，就会有机遇，就会战胜恐惧、沮丧与冷漠，就会把梦想变成现实。

是什么神秘的力量促使坚毅的人克服困难？毅力可以在人心中设计某种超凡的心灵或化学活动，使人获得超自然的力量。亨利·福特白手起家，除了毅力以外，什么也没有，后来却缔造了大规模的工业王国。托马斯·爱迪生只受过不到三个月的学校教育，却成为世界顶尖级的发明家，并凭着毅力发明了留声机、电影摄影机和灯泡，更别提其他五十多种有用的发明了。

六、科学用脑——走向成功的第六步

人与人之间最大的差别是思考方式的差别，只有科学用脑，才能开发智能，也才能有创造性的思考。有了创造性的思考，才会有创造性的行动，才能更好地走向成功。

大脑——思想的广播站与接收站。人脑的大脑皮层中有100亿~140亿个神经细胞，这些细胞都以一定的方式排列。这些排列不是随意的，而是井然有序的。这样一个错综复杂的网络存在的唯一目的，就是延续身体成长和维持身体功能。这样的系统能够为数亿个脑细胞提供彼此沟通的通道，也能为我们提供与其他微妙的力量进行沟通的方式。

友善用脑，加速学习新方法，提升思维创造力。学习的障碍：精神压力是大多数人学习困难的根源。减小压力的办法：友善用脑的方法将学习压力和由压力引起的学习障碍减小到最小的程度。

减小压力对身体的影响：创造安全、积极、友善用脑的环境，多多鼓励，积极配合，营造和谐温馨的氛围；开展教法、学法研究，探讨多样化的学习方式，提升学习质量等；调动多个感官参与学习；在大量的实践探索中发现灵感；在团队中进行思维碰撞，撞击出火花；在一成不变的课堂流程与多样化之间，在平和的课堂气氛与活跃之间，在课堂的纪律性和创造性之间寻求平衡；采取有益的放松运动，调整好呼吸，纠正姿势，调整动作来减小压力和加强身体大脑两侧的横向交流。

每一个人都要保护好自己的大脑，又要不断地开发自己的大脑，让自己变成一个爱思考、会思考、能创造性思考的人，并且把自己创造性的思考随时转化为创造性的实践，让理想转变为行为，把计划化为行动，有决心、有毅力，在自信中奋斗，在持续挑战中、在艰难磨炼中走向成功！

人生要耐得住寂寞，让心灵扎根，其结果自然是根深叶茂。任何虚假不实的东西，任何急躁浮浅的东西，可以一时逃避失败的阴影，但绝对不是真正成才的手段。学习、考试、工作、成就都需要一种吃苦耐劳、果断勇敢、从容不迫的能力。只有经过锻炼和洗礼，我们才能不断地走向睿智和成熟。

未来过"不一般"的人生，今天需要"不一般"的要求。没有人能替你思考，没有人能替你行动，没有人能替你成功——唯有你自己能。只有正确地思考，才会有正确的行动。只有正确地、坚持不懈地行动，有效运用"六步法"，才会获得最后的成功。

成功做事始于优秀做人

　　每一个社会都有不同的职业、不同的工种，每一个人所从事工作的性质可能不一样，每一种工作都有其自身的价值。只有从事不同工作的人们遵守规则、协调配合、勤奋工作、创造劳动，才能使社会得以和谐发展。因此，每一项工作都有重要的意义，每一份工作都值得敬重，每一份职业都能高尚。我们从事某一种职业，承担某一份工作，不仅能养家糊口，更重要的是在工作中体验干一行、爱一行的内心愉悦，体验成功做事的幸福。如何在职场上获得发展并最终走向成功？如何让自己的职业成为一种事业以实现生命的价值？秘诀在哪里？纵观社会中所有成功者不难得出结论，那就是成功做事始于优秀做人。

一、认识工作的价值

　　工作对你而言意味着什么？是一份维持生活的薪水，还是成就自己人生的事业？在我们的生活中，工作占去了一天 1/3 甚至更多的时光，是我们人生的重要组成部分。有的人认为工作是为了衣食住行，是生活的代价，是不可避免的劳碌！而有的人则认为工作是实现理想所必需的奋斗历程，是自己一生的事业！那么，你是出于哪种需求与愿望，去完成自己的工作呢？

　　对工作有崇高态度的人可以把"卑微"的工作做得伟大，缺乏事业心的人可以把崇高的工作做得卑下。影响一个人的工作的主要因素是什么？是这个人的学历，还是这个人的工作经验？其实，主要因素是对待工作的态度。

我们左右不了变化无常的天气，却可以适时调整我们的心态。正如人们常说的那样：假如你非常热爱你的工作，那你的生活就是天堂；假如你非常讨厌你的工作，那你的生活就是地狱。社会赋予工作正面的价值，鼓励人们在工作中实现自身的价值。如果有一天人类停止了工作，这个社会便无价值可言，人类社会的毁灭也就不远了。因此，工作是人生最大的财富，人们不仅借此改变自己的生存状况，满足心理上的各种欲望，还可以借此肯定自己人生的价值，以及作为社会大家庭中一分子的生命意义。

工作是我们赖以生存的基础，是陪伴我们安然行走在人生大道上的重要保障。因此，对我们来说，一切合法的工作都值得我们去尊重，一切值得我们尊重的工作都有它不容轻视的价值。

著名的管理咨询专家蒙迪·斯泰尔说："每个人都被赋予了工作的权利，一个人对待工作的态度决定了这个人对待生命的态度，工作是人的天职，是人类共同拥有和崇尚的一种精神。当我们把工作当成一种使命时，就能从中学到更多的知识，积累更多的经验，就能从全身心投入工作的过程中找到快乐、发现机会、取得成功。当然，拥有这种工作态度或许不会有立竿见影的效果，但可以肯定的是，当'轻视工作'成为一种习惯时，其结果可想而知。工作上的日渐平庸虽然表面上看起来只是损失了一些金钱和时间，但对你的人生将留下无法挽回的遗憾。"

平凡的是工作岗位，平庸的是工作态度。无论你从事的工作多么琐碎，都不要看不起它。要知道，所有正当合法的工作都是值得尊敬的。只要你诚实地劳动，没有人能够贬低你的价值，你在工作中所能收获的一切，完全取决于你对工作的态度。

除了工资之外，任何一个单位其实还给了每一位员工很多更加珍贵的东西，那就是工作经验的培养和良好工作习惯的养成，还有就是职业品质的提高和个人品德的完善。

其实在我们人生的旅途中，很多时候根本无从选择，比如父母、性别、出生环境，但很多时候又充满了选择，比如面对困难是坚持还是放弃、面对逆境是哭还是笑、面对挑战是快乐还是忧伤、面对生活是乐观还是悲观。因为无从选择，我们学会了接受的同时也经历了磨炼；因为可以选择，我们与命运相搏，追寻自身的价值，实现人生的理想。这就是生活。如果你不能牢牢把握住自己的选择，你就会失去了主宰自己命运的机会。

快乐的人生源于"被需要"，快乐的工作源于"被需要"，如果我们能以"被需要"为人生最大的快乐的心境去工作，那么工作就会变成自己营造的快乐天堂。

二、工作到底是为了谁

一个人如果总是为了自己到底能拿多少工资而大伤脑筋的话，他怎么能看到工资背后的成长机会？怎么能在目前的工作中经营自己的理想？美国钢铁大王卡内基说："为我工作的人，要具备成为合伙人的能力。如果他不具备这个条件，不能把工作当成自己的事业，我是不会考虑给这样的年轻人机会的。"

一个只会为自己的懒惰和无知寻找理由的人，一个总是埋怨领导、老板对他的能力和成果视而不见的人，一个开口闭口领导、老板太吝啬的人，一个认为自己付出再多也得不到相应回报的人……这样的人只会逐渐将自己困在装着工资的信封里，永远也不会懂得自己真正需要什么。

一个人在工作中，只有追求"自我实现"的时候才会迸发出持久强大的热情，才能最大限度地发挥自己的潜能，最大限度地实现自我的人生价值。把工作当作自己的事业，能够让你拥有更大的挥洒空间，使你在掌握时间机会的同时，能够为自己的工作担负起责任。树立为自己打工的职业理念，在工作中培养起自己的创业精神，让自己更快地在事业上取得成功。

无论从事什么样的工作，决定你成功的最重要因素不是智商、领导力、沟通技巧、组织能力等，而是一种有目的、有计划的自我管理的能力和习惯。

工作意味着责任。每一位职员完成好规定的工作任务就是一份责任。你从事这份工作就应该担负起这份责任。我们每个人都应该对所担负的责任充满责任感。责任感与负责不同。负责是指对任务的一种负责与承担，而责任感则是一个人对待任务、对待公司的态度。

社会学家戴维斯说："放弃了自己对社会的责任，就意味着放弃了自身在这个社会中更好的生存机会。"当我们对工作充满责任感时，就能从中学到更多的知识、积累更多的经验，就能从全身心投入工作的过程中找到快乐。这种习惯或许不会有立竿见影的效果，但可以肯定是，当懒散敷衍成为一种习惯时，做起事来往往就会不诚实。这样，人们最终必定会轻视你的工作，从而轻视你的人品。

一种感恩的心态可以改变一个人的一生。如果你能每天怀着感恩的心情去工作，在工作中始终牢记"拥有一份工作就要懂得感恩"的道理，你一定会收获很多很多。

工作是一份责任，更是一种使命。工作既能实现自身的价值，又能推动社会的发展。我们应该敬重工作、勤奋工作、创新工作、幸福工作。

三、要知道自己属于哪种人

每个人都有不同的职业轨迹，有的人成为单位中、公司里的核心员工，受到领导或老板的器重；有的人一直碌碌无为，不被人知晓；有的人牢骚满腹，得到的也只能是满腹牢骚。事实上，除了少数天才，大多数人的禀赋相差无几，关键是你将自己定位为哪种人。抱怨使人思想肤浅，心胸狭窄，一个将自己头脑装满了抱怨的人无法容纳未来，也不会被未来容纳。

从平凡的工作中脱颖而出，一方面由个人的才能决定，另一方面则取决于个人的进取心态。这个世界为那些努力工作的人打开绿灯，直到他生命的终结。

工作中有这样两种行为：努力挑战困难完美执行；避重就轻寻找借口。前者可以带来成功，而后者只能走向失败。

对工作和自己的行为百分之百负责的人，他们更愿意花时间去研究各种机会和可能性，显得更值得信赖，也因此能获得别人更多的尊敬。与之相反，对工作总是敷衍了事的人，他们更愿意发挥自己"投机取巧、避重就轻"的特长，更愿意在"上有政策，下有对策"上发挥自己的聪明才智，并以让自己在工作中能随意获得片刻的轻闲为荣。这两种人，前者在工作中认真负责也许还没有什么回报，但他因为做事一丝不苟所培养起来的品格，所获得的经验和成长的智慧，终究会使他在自己的事业上一往无前；而后者在工作中投机取巧、无所事事，不仅他的工作能力会因之退化，品德也会变得堕落，为自己的一生埋下隐患。

从事自己的工作，你个人的定位很重要，要努力做一个有品位的人。有品位的人，是一个有自己的职业轨迹与人生理想的人；是一个有高度的责任感与主人翁精神的人；是一个在平凡中坚守与超越的人；是一个在困难中坚韧与顽强的人。有品位才会有精神，有精神才会有毅力，有毅力才会有成功，有成功才会有幸福的人生。

四、做大事需从小事做起

很多人轻视小事，认为小事不值得做，因此，为自己的工作留下了隐患。事实上，在工作中，没有任何一件事情，小到可以被抛弃；没有任何一个细节，细到应该被忽略。

在小事上认真的人，做大事才会卓越。有位智者说："不关注小事或者不做小事的人，很难相信他会做出什么大事。做大事的成就感与自信心是由做小事的成就感积累起来的。"

从小事做起，才有机会做大事。在任何一份工作中，每一件事都值得我们去做，值得我们去研究。即使是再小的事，我们也不应该敷衍应付或轻视懈怠，相反，应该付出热情与努力，全力以赴尽职尽责地做好它，并养成良好的习惯。

会做事的人，必须具备以下三个做事特点：一是愿意从小事做起，知道做小事是成大事的必经之路；二是心中要有目标，知道把所有的小事积累起来最终的结果是什么；三是要有一种坚持不懈的精神，能够为了将来的目标自始至终把小事做好。

然而现在很多人，心中倒是整天想着大事，但对工作中的小事却从来提不起兴趣，甚至将整天埋头于小事之中，当成一种很丢脸面的事，殊不知，正是这样的想法让他们日复一日、年复一年在实现自己人生大目标的路上停滞不前。对于有这种倾向的人，我提出三点建议：

（1）重视工作中的小事。世界皆无小事，事事都是工作，只要是对工作有利的事，无论大小，都值得我们重视。

（2）工作之中无小事。密切关注自己的流程，不要放过任何一个可以改良和补救工作结果的小细节。

（3）小事不是小人物的事。差距往往从细节开始，造成不同结果的通常是那些很容易被忽略的小事。

从最平凡的事做起，从小事做起，在平凡中坚守，在小事中积累。刻意追求不平凡的人，往往会更加平凡。不平凡来自平凡中的坚持与坚强，来自做小事中逐步积累的能力与智慧。

五、不要将优秀藏起来

工作是我们施展自己才华的舞台，我们寒窗苦读来的知识，我们的应变能力，我们的决断力，我们的适应力以及我们的协调能力，将在这样一个舞台上得以展示。然而我们在这个舞台上的表现，有时却并不如自己想象中优秀。

优秀是一种标准，但更是一种信念。无法想象一个没有追求优秀的信念的人在工作中可以表现得优秀，更无法想象一个单位领导或企业老板不给优秀的员工更多优待或更好的发展空间。

一个人的工作态度折射着人生态度，而人生态度决定一个人一生的成就。你的工作就是你生命的投影。它的美与丑，可爱与可憎，全操纵于你之手。

任何一个工作岗位都可以使你成就完美，任何一件事情都可以让你拥有追求或达到优秀的机会。有了这种心态，你才会有信念将单位、公司、团队的工作放到最高的位置上去做，才有可能使自己在这个单位、公司、团队中更加优秀。

在所有伟大成就的取得过程中，激情是最具有活力的因素。改变人类生活的每一项发明、每一部精美的书、每一尊震撼人心的雕塑、每一首伟大的诗篇，无不是激情之人创造出来的奇迹。激情是对所热爱的工作产生出的火一般的热情。最好的劳动成果总是由头脑聪明并具有激情的人完成的。激情是不断鞭策和激励我们向前奋进的动力，对工作充满高度的激情可以使我们不畏惧现实中所遇到的重重困难和阻碍。可以这么说，激情是工作的灵魂，甚至就是工作本身。

对工作的热爱产生激情，激情造就卓越。爱默生曾经说过："没有激情，就没有任何事业可言。"比尔·盖茨说过："每天早晨醒来，一想到所从事的工作和所开发的技术将会给人类生活带来的巨大影响和变化，我就会无比兴奋和激动。"

不断追求更高的自我定位，从根本上说，是为了自身不断地进步。树立更高的目标，担负起更多的使命，培育工作的激情，释放工作的能量，在平凡中努力实现自我超越，你将成为一个更加优秀的人。

六、要知道阻碍你发展的是谁

人若非自己限制自己，否则别人休想阻碍你的发展。成功学大师卡耐基说，成功人士与平庸之辈的差别，就在于前者注重积累，注意利用身边的每一件点滴小事锻炼自己，将生活中一个个平凡的目标当成自己实现卓越的阶梯。而平庸之辈只会好高骛远，轻率冒进，或者因为目标过于困难而放弃了奋争的勇气。

我们每个人的身上都蕴涵着极大的能量，勇于向不可能的目标挑战，有利于我们不断打破心灵中的自我限制，充分发挥出自己的潜能。人的惰性是一种可怕的精神腐蚀剂，它可以让人整天无精打采，生活消极颓废。美国科学家、物理学家、发明家、政治家、社会活动家富兰克林曾经说过："懒惰就像生锈一样，比操劳更能消费我们的身体。"而萧伯纳则说："懒惰就像一把锁，锁住了知识的仓库，使你的智力变得匮乏。"

抱怨是无济于事的，只有通过努力才能改善处境。人往往就是在克服苦难的过程中，形成了高尚的品格。相反那些常常抱怨的人，终其一生，也无法产生真正的勇气、坚毅的性格，自然也就无法取得任何成就。

矢志追求者必须勇于从平凡中崛起，在长期的积累中丰富人生智慧，孕育自己的优秀。如果你能让自己跑起来，总会有一天你会学会飞。

人之所以失败，并不是因为没有理由在苦难中挑战，而是因为有太多理由在困难面前退缩。他们认为加大工作的难度，提高工作的标准，显然是为自己制造麻烦，因此在工作上不求有功但求无过，使自己的人生在工作中彻底堕入平庸。

一个人究竟会怎样发展，完全取决于他自己。是谁在阻碍他的发展？一定是他自己。相信自己、发展自己、强大自己，才能成就自己。

七、不要仅仅做一点分内事

今天每个单位、每位老板要找的人，基本上是同样的：能积极主动去工作的人。作为积极行动，推动单位、公司前进的人，将赢得他人的尊敬，有更多机会承担更重要、更有挑战性的工作，而报酬和奖赏也将接踵而至。

人与人之间只有很小的差异，但这种很小的差异却造成了巨大的差异！很小的差异是心态是积极的还是消极的，巨大的差异就是成功与失败。

比别人多做一点会使你最大限度地展现你的工作态度、最大限度地发挥你的天赋，让自身不断升值，成为一个真正优秀的人。

在生命的长河里，每个人都要做好三件事：优秀做人、成功做事、幸福生活。成功做事始于优秀做人，优秀做人才能成就事业，也才会有真正幸福的生活。

做最好的自己

生命是美好的，它的美好在于拥有它你才能享受属于同一个世界的阳光、星夜、清风、雨雪，还有生活、事业、爱情、快乐、忧伤。我赞美生命，因为有了生命，才有了人生，才有了对现实世界的体验，对远古时代的追溯，对未来生活的向往与追求。人生的道路有千万条给你选择，有一条路不要选择，那就是放弃的路；有一条路不要拒绝，那就是成长的路。每一个人对待生命的态度不同，生命的价值就不一样，生命需要在奋斗中去寻找价值、创造价值、实现价值。生命需要有追求，有一个能够让自己热血沸腾的目标，在不断的努力拼搏中逐渐靠近自己的目标，在不断积累的小小成功中收获自信与满足，这便是奋斗的快乐，生命的快乐。每个人只有不断成长，做最好的自己，才能实现生命价值的最大化。

一、做最有梦想的人

个人愿景是指你想要达到什么样的成就，你想要过什么样的生活，你的"终极成功画面"是怎样的。"终极成功画面"是你一心想获得的生活、成就、价值，或是专业高度、社会地位、财富积蓄、个人贡献……这个逼真的画面，如果会让你大喊——"对！这就是我要的"，它就会带给你无比的激情动力，带领你极度专注在"如何去达成"的行动上。

1.欲望的可贵性

如果目标是箭，那么欲望就是弓。有弓无箭，就是徒有蛮劲，不懂计划部署，一生多劳而少成；有箭无弓，就徒具理想，没有摧枯拉朽的精神，做白日梦，一生多言而少成。只有有弓有箭，才会将最不可能的梦想实现。破釜沉舟背水一战的故事给我们的启发是，只有强烈的取胜欲望才能导向成功。强烈的欲望能够激发你前所未有的力量。你的欲望越强烈，就越使你迸发出能力，去逐步实现自身的目标。

2.追求有价值的目标

有目标的人在奔跑，没目标的人在流浪，因为不知道去哪里；有目标的人在感恩，没目标的人在抱怨，因为觉得全世界都欠他的。人生要有所得，就不能让诱惑自己的东西大、杂、多，心灵里累计的烦恼太杂乱，努力的方向过于分叉，精力过于分散，就难以做成事业，我们要简化自己的人生。我们要学会放弃，学会否定自己，把自己生活中和内心里的一些东西断然放弃，在反思与创新中不断超越自我、强大自我。

3.点燃激情，寻找意义

最好的劳动成果总是由怀揣理想、激情奋斗的人完成的。一个人不投入爱也可以生存，但是将沦为平庸之辈。无论身处职业生涯的哪个阶段，如果你不清楚你为何从事当前的工作，你就变得毫无动力。我们所处的生存环境竞争异常激烈，有很多人会比你更加激情四溢，他们渴望得到你想要的那份工作。富有激情的人会花费两倍的时间去思考他们已经完成的任务、接下来要完成的任务，以及是否有能力来完成那些任务。你的同学、同事和对手中那些热爱学习、热爱事业的人，他们更加努力，他们敢于拼搏，为了逼近目标，他们做了更多有意义的事情。

在激情中成长，在奋斗中发展。定期自我督促、他人督促、总结经验、自我反思，加速成长，不断逼近目标，最终实现梦想。

二、做自己最好的主人

对每个生命来说，最重要的便是：只有自己才能掌控自己的人生。一个人一旦对时间有了真正透彻的理解，也就真正懂得了人生。因为时间包含着机遇，包含着规律，包含着人间的一切。珍惜时光，锤炼生命，拼搏创新，奋斗终生！

在这个世界上，有许多人，他们总以为别人所有的种种幸福是不属于他们的，以为他们是不配有的，以为他们不能与那些命运好的人相提并论。然而他们不明白，这样的自卑自抑、自我抹杀，将会大大减弱自己的自信心，同时会大大减少自己成功的机会。强大的信心是对信仰的坚守，是自我超越的动力源，是战胜困难的巨大勇气，是打开理想大门的钥匙。每个人都需要阳光生活、自信成长。

1.珍惜今天，把握现在

智慧的人多能顿悟人生，看淡尘世的物欲，抵御各种诱惑，舍弃烦恼和痛苦，惜时如金，提高生活质量，丰富人生的内涵，踏踏实实做些有利于社会的事情，从而流芳百世。愚蠢的人一般是混沌一生，只会追逐名利，在烦恼和痛苦中过早地耗尽生命的"灯油"。生命只有一次，每个人在世界上逗留的时间是如此短暂，振作起来、行动起来吧！抓住今天，关闭昨天的大门，珍惜利用好今天的时光。昨天是作废的支票，明天是一张期票，只有今天才是拥有的现金！学会在现实中快乐地生活，该做什么就做什么，一个人就能把可能毁弃的一天变成有所收益的一天，"现在"永远是行动的时候！我们只有这样做，才算是选择了一种自由的、充实的、愉快的生活。我们每个人都可以做出这样的选择，提升生命的意义。

2.该出手时就出手

人生关键的突破口总能找到，因为变化时时在你身边。人生不如意时，与其整天哀怨，不如自己在变化中寻找机会。外界变化之日正是机会降临之时。即使处境令你难堪，也要当作是激发自己潜能的好时机，那么原以为是"祸"的事情可能就化解为"福"了。等待机会，是一种极笨拙的行为。不要消极，不要等待，立即行动，一定有收获。机会只有一次，把握住了，成功就是属于你的。

3. 我们需要怎样的勇气

勇气就是在挑战面前勇往直前、永不言败的精神力量。缺乏勇气的人永远也无法体会到追求成功者的豪言壮志，这就像在灌木丛中跳跃觅食的鸟雀永远也无法知道"绝云气""负青天""扶摇而上九万里"的鲲鹏为什么会不畏艰险地搏击长空一样。在成功的道路上，快乐总是和磨难相伴，胜利也总是和失败接踵。有勇气追求成功的人善于从教训中积累力量，从失败中获得新生。勇气不仅可以让人直面任何困难或挑战，也可以带来成功的机会。

4. 成功的学习需要具备什么

任何一个成功者，都是通过学习才开始走向成功的，终身学习，才会终身进步。一个人要成长得更快，就一定要喜欢学习，善于学习。要知道，这个世界上没有天才，别人比你有能力，更成功，只是因为别人比你更爱学习、更会学习、更自觉地学习。

松下幸之助先生可以说是日本企业界的一个神话。他早年家境贫寒，而且体弱多病，只有小学四年级的学历。然而，他是靠什么最终创建现在赫赫有名的松下电气公司并成为日本首富的呢？那就是，松下先生是一个勇于学习、善于学习的人。正因为学习，才成就了他的辉煌。

一个愿意学习、善于学习的人，一个善于把握命运、掌控自己的人，一个具有坚韧品质、顽强拼搏的人，最终会获得成功。

三、做最高效的工作

1. 当天的事当天完成

古人云："明日复明日，明日何其多。"如果总是等着明日，那么什么事情也办不成。所以，做事切记"今日事必须今日毕"。不管你用什么方法让自己"立刻行动"，你就会战胜拖拉，一辈子都会积极行动。每一次的挫折都不会让你退却，每一次你都毫不犹豫地立刻行动，每一次你都把久拖未决的事解决，那么，你已经在转变态度。

2. 如何提高学习与工作效率

学习与工作要按照计划进行，每天思考好明天要做的事情。重要而且紧急的工作是 A 级工作，不重要但是紧急的工作是 B 级工作，重要但不紧急的工作是 C 级工作，不重要也不紧急的工作是 D 级工作。先完成 A 级工作，再去做 B 级工作……不要在次要的工作上追求完美。集中精力做自己该做的事，全力以赴地冲刺，集中精力全力猛攻，任何困难都可以迎刃而解。当然在奋斗的过程中也需要激励自我。为了达成学习与工作目标，你可以事先给自己定下一个奖惩措施，实现目标便给自己一个奖赏。

3. 学会思考与整理

不断发现问题是积极思考的开始，想方设法解决问题是提高思维力的重要方法。思维力是人的能力的核心，积极的人生是善于思考的人生。每天睡前拿出半个小时的时间，对自己一天的学习与工作进行整理性、反思性、总结性思考，你将会获得快速进步。整理的过程是自身思维加工的过程，学习和工作重在体验，思考与整理是学习与工作环节中最重要的体验过程。

4. 学会快乐地学习与工作

你对自己所从事的学习和工作的感觉，会大大影响你学习与工作的方式。如果你十分快乐地接受一项任务，任务就会更好、更顺利地完成，而且你也会从中获得快乐。林肯说过："你想让自己多快乐，你就会有多快乐。"只要你去练习，你就可以做到这一点。但一开始你要想一些快乐的事情，把恐惧、愤怒、挫折感全部从心中除去。在你周围尽量找出快乐的事，看些令人快乐的书。假如你养成了快乐的习惯，你就能轻松面对所遇到的任何困难。"快乐学习，快乐工作"是一种可贵的品质和心态。

提升学习与工作效率，需要不断地学习借鉴他人的智慧，需要融进学习与工作的团队，需要走进阅读的世界，需要提升实践能力与创新精神，需要在反思与创造中实现自我超越。

四、打造最完美的性格

一个人的性格特别重要，一个人的性格是一个人的精神长相与文化气质，练就完美性格，必将给人生添光增彩。

1. 练就坚强的性格

人生之路肯定不会一帆风顺，历经挫折、翻越崎岖、攀登高峰，需要坚强的性格。

锻炼坚强的方法有：多向榜样学习，学习那些身残志坚的勇士，学习那些终年献身祖国事业的伟大科学家，学习那些在战争年代抛头颅、洒热血、为国捐躯的革命前辈，学习他们的坚强品质，激发自己的坚强性格；多参加团体活动，在团体拼搏奋斗中练就坚强；有规律地生活，积极锻炼，在每日的坚守中培育坚强；模拟逆境生存场景，避免养尊处优的生活习惯，在与困难搏击中构建坚强的品质；面对生活与工作中的种种挑战，学会独立面对问题、思考问题，在解决问题中造就坚强的品格；加强心理素质锻炼，遇事不要慌乱，在沉着、冷静中打造坚强。

2. 打造稳健的性格

在人际交往中，怎样才能得到别人的理解与尊重呢？一个重要的为人处世原则就是不论在什么时候、什么场合，都要保持稳重的生活方式和处事态度。所谓稳重就是在接人待物中始终保持一种"严谨"、一种"礼貌"、一种"敬重"、一种"亲和"。

一个稳重的人，是绝不会随便向别人溜须拍马的；他也不会八面玲珑，四处讨好别人；更不会随意地造谣生事，在背后指责别人。稳重的人，不仅会将自己的意见谨慎、清楚地表达出来，而且还能平心静气地倾听别人的意见。只有具有稳重态度的人，才值得人们尊重、欢迎。

3. 学会尊重

渴望受到尊重是每个人的基本心理需求。尊重他人，并不是失去自我。尊重他人是在平等和张扬个性的基础上，对他人人格尊严的尊重。要使自己学会尊重他人，就需要在日常生活中学会平等待人，诚实守信，善于助人，宽容大度，构建起良好的人际关系。因为自尊心是人的心灵里最敏感的角落，一旦挫伤一个人的自尊心，他会以十倍的疯狂、百倍的力量来与你抗衡。其实做到尊重别人并不难，有时只需一个微笑、一句问候、一个敬称、一双善于倾听的耳朵、一张不刨根问底散布流言蜚语的嘴巴，就会给别人带来阳光和温暖，当然也会为你带来真挚的友谊与和谐的交际。

4. 学会感恩

感恩是必须的。它是一种处世哲学，也是生活中的大智慧。一个智慧的人，不应该为自己没有的斤斤计较，也不应该一味索取和使自己的私欲膨胀。学会感恩，为自己已有的而感恩，感谢生活对你的赠予。这样你才会有一个积极的人生观，总能有健康的心态。每天心怀感恩地说"谢谢"，不仅仅是使自己有积极的想法，也使别人感到快乐。在别人需要帮助时，伸出援助之手；而当别人帮助自己时，以真诚的微笑表达感谢。一个个小小的细节，铸就一颗感恩的心。

5. 学会诚实守信用

"言必信，行必果""一言既出，驷马难追"，这流传了千百年的古语，形象地表达了中华民族诚实守信的品质。在中国几千年的文明发展史中，人们不但为诚实守信的美德大唱颂歌，而且努力地身体力行。一个人要想立足于社会，干出一番事业，就必须具有诚实守信的品德。一个弄虚作假，欺上瞒下，糊弄国家与社会，骗取荣誉与报酬的人，是要遭人唾骂的。诚实守信是一种社会公德，是社会对做人的基本要求。

人的一生真难，有许多艰难险阻要去战胜，但是更多的时候，生活常常需要人自己去战胜自己。想翱翔碧空的人，就不能怕再也踩不着地球。想探险海底的人，就不能怕再也见不着日出。想建功立业的人，就不能让私欲撑破脑袋。往往辉煌、绚丽的桂冠已唾手可得，你却没有了再向前一步的勇气与信心，于是，一切都成了泡影。当你的小船要到达胜利的彼岸时，你却在一个迷人的小岛上落下风帆，于是，你的人生成了另一种模样。败在自己手里，既可悲，又容易。伟人之所以成为伟人，是因为他们是与自己战斗的胜利者。心灵的战场严酷而又纷纭，与自己作战，艰苦而又痛苦。因此，要成为生活的胜利者，你必须首先成为与自己战斗的胜利者。

我热爱生活，赞美生命，因为我热爱人世间那青山绿水、蓝天白云，那美好的爱情、动人的亲情、可爱的战友、亲切的学子、真挚的友谊、难忘的相聚、美味的佳肴、潇洒的旅行、美丽的时装、悦耳的歌声和伟大的事业。生命啊，我赞美你，你赋予我一个多么精彩神奇，充满苦与乐、荣与辱、得与失、爱与恨的时空过程。努力向前走，迎接新未来，做最好的自己，不断创造自己人生的冠军！

勇做自己的人生冠军

　　一次次飞身跃起的扑救，一次次高高跳起的重扣，一次次逆境之后的反击……奥运赛场，巅峰对决，女排姑娘以荡气回肠的逆袭征途，不仅为祖国赢得一枚沉甸甸的金牌，也向世界诠释了"女排精神"的强大。冠军奖牌的背后是催人奋进、催人泪下的拼搏精神，是不畏强手、过关斩将、力压群雄、奋勇挑战的坚强意志。每个人都要有精神，精神是生命成长的发动机，学习冠军精神，努力创造自己的人生冠军。

　　创造自己的人生冠军，就是让你的今天超越昨天，你的明天超越今天，生命处在不断的自我反思与创新超越中。没有最好，只有更好，追寻生命更高的价值，享受生命更美好的生活！

一、提振人生信心

　　自信是一种难以言语的力量，它让我们敢于挑战自我。自信是一艘坚固耐用的小船，载着我们在茫茫学海上沿着目标前行。自信是一盏轻轻摇曳的明灯，为黑暗与迷茫中的我们指引方向。

1. 开展六心教育

　　自我开展六心教育，让自己的内心强大有力量。六心指信心、恒心、关心、开心、良心、平常心。信心是精神的支柱，是动力的源泉，是对自己深深的期待和祝愿。信心是勇气的显露，是力量的源泉，是坚守的法宝。恒心是对承诺、信念的坚守，是对生命价值的不断追求，是构建成功金字塔的基石。关心是理解，是沟通，是心灵的抚慰与温暖。开心是健康向上、不言放弃的心绪和情怀，是提高工作效率与生活质量的重要保证。良心是宽容，是回报，是心灵的踏实与舒畅，是中华文化内涵的传承与体现。平常心是面对艰巨复杂事物时的冷静、沉着、理性、成熟，是水到渠成、运筹帷幄的坦然与自如。

2. 弹好生命的五线谱

学会弹好生命的五线谱，不断提振人生信心。人生一开始就像是一张空白的五线谱，我们每长大一点就会在这张五线谱上写下一个新的音符。生命中的每一个年轮，都需要谱写一首新的乐章，我们所希望的，是有丰富而且永远美丽的心，为自己写一曲最精彩的人生之歌。在追寻伟大复兴的中国梦的今天，我们需要对人生道路、生命价值、事业发展做出理性思考：我们究竟想做一个什么样的人？选择什么样的道路？如何让生命的价值最大化地实现？……

3. 每一个人都要明白自己在做什么

你是谁？你的职责是什么？你的价值如何得以实现？如何让社会主义核心价值观在你身上得以完美展现？你在为自己的命运及发展做准备，你在为质的飞跃做量的积累，你在为履行使命、实现价值做努力，你在为创造自我生命的冠军而奋斗与拼搏。时代给每一个中国人提供发展的机遇，给了每一个中国人寻找与发现舞台的机会，你能不能抓住，并善加利用？你今天的努力和拼搏是在为以后的幸福和发展进行投资，投入越大，回报也就越大。人生只有依靠你自己去拼搏，命运就掌握在你自己的手里。

在生命的旅途中，你是不是一个勇于承担责任的人？你是不是一个有情感、有良心、有使命的人？你能不能对自己的祖国、对身边的朋友、对自己的亲人负起责来？我们每一个人都要做生命的敬者、强者，提振人生信心，坚守人生准则，扛起生命责任，激活生命动力，实现生命价值。

二、迸发生命激情

激情是不断鞭策和激励我们向前奋进的动力，对学习充满高度的激情可以使我们不畏惧现实中所遇到的重重困难和阻碍。可以这么说，激情是学习的灵魂，甚至就是学习本身。

1. 对学习、生活、工作的热爱产生激情

激情造就卓越。俗话说，天有三宝日月星，人有三宝精气神。这"精气神"就是一种激情，是面对机遇敢于抢抓、面对艰险敢于攻坚、面对落后敢于奋起、面对竞争敢于拼搏的勇气和精神。克服精神懈怠的危险，永葆干事创业的激情，才能创造无愧于职业与使命的时代业绩。

2. 胸怀理想，在开拓进取中迸发激情

激情并非兴之所至、心血来潮，而是来自对理想的执著追求。有了理想追求，才会自始至终保持昂扬的工作激情，即使遇到再大的困难和挫折，也不会丧失对工作的热情、对事业的执著。作为人民教师，要始终胸怀中华民族伟大复兴的中国梦、全面建成社会主义现代化强国的时代梦，自觉把个人的前途融入这个伟大的时代，以开拓进取的工作状态和一往无前的创业激情书写魅力教育的生命传奇。

3. 坚定目标，在"勇于担当、善于超越"中保持激情

目标是旗帜，指引奋斗的方向。在"创建魅力教育，打造普适品牌"的道路上，时不我待，发展越快，任务就会越重，需要解决的矛盾和问题就会越多。面对矛盾和困难，只有咬定青山不放松，勇于担当，才能经受住时代的考验，赢得发展，加速成长。现代教师要始终保持热血澎湃、疾起奋进的工作状态和执著干事创业的工作情怀，在教育研究、改革、发展中有担当、挑重担，在创新拼搏、履职尽责中大有作为。

4.心中有责，在奋发有为中燃烧激情

现代教师只有把教育工作当成一份责任、一项事业来干，才会激情饱满、动力十足，才愿意把全部精力投入其中，才不会因辛苦而抱怨、因困难而退缩，永远"乐此不疲"。反之，如果把教育干成小买卖，干成养家糊口的职业，就很难保持持久的激情，也不易感受到工作的乐趣。每位教师要常思责任使命，深怀感恩之心，以火热之心对待工作、以赤子之情服务发展，将为每个学生提供公平而有质量的教育作为回报组织、回报社会、实现人生价值的最好体现，自觉做到在岗一分钟、敬业六十秒，干一行、爱一行、专一行，在热爱中增长才干、在教书育人中创造业绩。

5.端正心态，在陶冶情操中涵养激情

生活情操是一个人人生境界、行为方式和精神风貌的集中反映。现代教师要保持健康的生活情趣，自觉加强修养，提升文化内涵，涵养自身的精神品质，把更多的时间用在勤奋学习、努力工作、提升思想境界上，用在为生服务、为校服务、为教育事业建功立业上。时刻保持平常心、淡泊名利，自觉端正心态、摆正位置，正确对待组织、对待个人、对待名利得失，不盲目攀比，多想专业发展与提升，珍惜岗位，激情工作，以真为本、以实为荣，多干事、干成事，努力创造出育人的业绩、魅力教育的新成果。

三、激发创新潜能

创新已经掀起了全球经济新一轮的革命。创新对财富的催生作用在发达国家已被证实，创新驱动发展战略已成为我国重大发展战略。从政府到民间，一股创新热潮正在涌动，创新的魅力让无数的投资者开始将目光投向创新设计。凡是有创新的项目，都会吸引到大的风险投资，互联网产业的创新与无数的成功案例，就是最好的说明。建立创新的思维意识，是一切创新的首要前提，也是创新自我的基础。每一个人的创新潜能是不可低估的，是无

限的，是永远开发不完的。努力培育创新动能，激发创新潜能，机遇的大门往往就在智慧开启的那一瞬间为你打开。

怎样激发自己的潜能？

1. 激发创新潜能需要正确的价值观

常常问问自己：生命的意义，即生命目的是什么？我是谁？我的理想是成为怎样的人物？我的价值观是什么？我的三观端正吗？我有哪些人生信仰、教育信念、坚定理想？如果我们选择不断提升生活及生命的价值，让中华文化得以有效传承与发展，让自身人格健全、品德高尚，把为社会创造价值作为自己的价值目标，我们就会有神圣的使命感去追求、去挖掘、去激活，我们的创新潜能就容易被激发，我们就能闪现出更多的智慧与才华，实现更好地成长。

2. 激发潜能需要转变思维方式

智慧的人其实就是善于思考的人，他们往往有良好的思维方式。思维方式，是指思维倾向、思维脉络、思维策略、思维习惯等。思维方式对于教师太重要了。

比如一个好学生忽然和某个"问题学生"交往增加，教师提醒学生："你小心学坏（近墨者黑）。"为什么教师不反过来想一想，这位好学生可能引导"问题学生""近朱者赤"呢？再比如，有些老师说"赏识教育"很神奇，就一厢情愿地想把学生个个"夸"成人才，结果难免大失所望；另一些老师听说"挫折教育"很重要，于是就盲目给学生设置障碍，或者盲目批评，一厢情愿地把学生个个"压"成人才，结果常常是把学生压成了"炸弹"；还有的老师先后迷信这两种教育思路，结果发现都不灵，于是绝望了。教师应把两种思路同时放在自己的脑中，进行整合，融会贯通。

教师要习惯于在矛盾中思考，在事物的互相联系中思考，在刨根问底中思考，假设多种可能性，在思考中反驳自己，防止表面的、片面的、单向的、线性的、独断的、非讨论性的思维方式。"人"字的一撇伸向过去——

这就叫你积累经验、注重反思;"人"字的一捺指向未来——那是让你拥抱理想、探索未来。以"人生"为长度,以"价值"为宽度,以"理想"为高度,我们不做只追求长度的"直线人",不做只在乎面积的"平面人",要将自己发展成更有容积的"立体人"。

3. 发掘潜能是最大的快乐

每个人都有许多潜能尚未发挥,然而,若要将潜能发展至百分之百是不可能的,因为潜能是无限的。如果有方法能让你系统地发掘潜能,那你会越来越喜欢自己、喜欢学习、喜欢工作、喜欢家人,也会不停地追求进步、分享成长经验、结交朋友,迈向平衡式成功,成为一个快乐有价值的人。

4. 善于管理自己才能更好地挖掘潜能

为了做有效的生命潜能管理,你必须了解人生的最终目的。你到底想要什么?一生中哪些对你而言是最重要的?什么事是你一生中最想完成的?或许,你从来没有认真思量过,然而,如果不知道这些答案,你的生命将像不知停泊港口的船只一样,只能在苍茫大海中漂泊。

成功者与失败者的重要差别,是成功者有方向、有目标,能够自我管理、自我激励,并且做有效的时间分配,而失败者却稀里糊涂、不知去向、不知所行。生命潜能管理就是以系统的方法,管理自我及周边资源,知道按照轻重缓急优先顺序来解决问题,促进各个小目标的实现,不断逼近大目标。

人的潜能是巨大的,既有先天遗传的因素,更有后天发展的因素,每个人必须不断地积蓄能力与智慧,积淀创新的能量场,激发创新的潜能,才能持续迸发强大的能量。

四、勇于实践探索

每个人都有自己的想法和梦想,要想实现,靠的是努力去做,有的人只会纸上谈兵，一旦让他们去做，他们就退缩了，说的永远比做的好听。而有一些人有了想法之后敢于去实践，这样的人值得我们敬佩。最初满怀期待，有的人不敢行动，有的人在途中的荆棘里迷失了自己，有的人选择退出，而选择勇敢走下去的，才能实现自己的想法和梦想！

在滚滚奔流的历史长河中，实践是一首永远没有休止符的进行曲，它赋予社会进步的力量，无论是个人的进步还是国家的昌盛，都离不开实践。伟大的作家巴尔扎克说过："一个国家的进步取决于探索，我们要勤奋，要探索，要去实践，一切事业的成败都取决于此。"

"纸上得来终觉浅，绝知此事要躬行。"我们要做一个勇于实践的教师，沉得下心来，弯得下腰来，耐得住寂寞，守得住宁静，经得起折腾，受得起考验。在实践中探索，在探索中研究，在研究中发现，在发现中创造！

五、善于自我超越

追寻生命的理想，享受生命的成长，创造生命的冠军。创造生命的冠军需要不断地自我挑战、自我超越，在超越中创建快乐的学习之路、发展之路、拼搏之路、成功之路。

不经一番寒彻骨，哪得梅花扑鼻香？超越需要付出努力、付出代价、付出心血、付出眼泪和汗水。你看那巨石下的小草，超越层层重压；你看那茫茫海面上的航船，超越汹涌的恶浪。

去超越你的朋友们吧！尽管你们亲如兄弟，情如手足，但要记住：真正的朋友在事业上、学业上，需要通过相互超越，相互激励，你们的友谊也会因此而更加醇厚。

去超越你的对手吧！要知道，强弱是相对的，此消彼长。只要敢作敢为，敢打敢拼，没有越不过的山，没有趟不过的河。

去超越你的师长吧！也许他是那样让你敬重，让你爱戴，但要懂得，青出于蓝而胜于蓝，赶上老师，超过老师，社会才能发展，时代才能进步。

去超越自己吧！也许你是那样的优秀，也许你曾经是佼佼者、领军人物。但不要忘记，每一个成绩的获得，都只是你成人成才路上的一小块奠基石，铺就成才的大道，需要你的今天超越昨天，你的明天超越今天。

热爱学习的动力源于信念、源于兴趣、源于坚强。不管你的目标是大是小，是远是近，至少要先起步，才能到达高峰。一旦起步，继续前进就不太困难了。学习越是困难，越是开始不愉快，越要立刻去做。如果等待时间越久，就变得越困难，越可怕。这有点像射击，你瞄得时间越长，负担就越重，射中的机会就越渺茫。

光阴流转，时序更替。自然在超越中进步，生命在超越中进化，人类在超越中发展。每一位前进的人，鼓起勇气，大胆地去超越吧，你就将站得更高，看得更远，思得更深，创造更好的成绩。超越自己，永不自满，永不懈怠，永不停步，在超越中努力奋斗，不懈拼搏，用自己的聪明和智慧，用自己的双脚踏出一条充实幸福的成长超越之路。

上天厚爱我们，给我们安排了一次特殊的人生之旅，这是我们不得不面对的事。有一句话说：人生有些事是不得不做的，于不得不做中勉强去做，是毁灭；于不得不做中做得很好，是勇敢。既然这样，"就不要放过今天，尽可能少相信明天"（贺拉斯语）。心态的两面就在于，要么是信心的强化，要么是信心的流失。比时间流失更可怕的是机会的流失，比机会流失更可怕的是梦想和信心的流失。

追求卓越的人生，点燃生命的理想，丰厚自己的内涵，修养自己的品行，激活成长动力，激发生命动能，激励自主发展，充分挖掘潜能，勇于实践探索，爆发成长力量，在自我超越中不断创造自己生命的冠军！

PART 4

第四辑

觉知学生的成长密码

做一个读懂学生的教师

因为有学生，教师才有存在的价值，也才有更高的生命意义；因为每个学生都是鲜活的具有自身特征的生命个体，教育必须开展科学研究，揭示学生成长的规律，助推学生健康发展；因为学生是国家的未来，是实现伟大复兴中国梦的主力军，要成为新时代中国特色社会主义的合格建设者与可靠接班人，教育者必须读懂每一个学生，关注每一个学生的全面成长，为他们的终身发展培育必备品格与关键能力。懂学生，才懂教育，才可能给孩子提供最适合的教育。给孩子最好的教育，成就孩子最好的人生。

一、读懂学生，要遵循学生成长的自然规律

自然界一切具有生命的个体，其生长都有其自然规律，孩子的成长也有内在规律，作为教育工作者要有对自然规律的敬畏。孩子一年年在长大，学生的特点每年都在变化，教育的方法自然也不能墨守成规，要遵循孩子成长的自然规律。

1. 幼儿园阶段

幼儿教育更重要的是启蒙。家庭是幼儿的第一教育场所，但家庭教育受家长文化程度的制约。幼儿园是幼儿进行校正、补充，同时又能熟悉身边朋友的言行举止，进行模仿、认知的场所，而幼儿教师主要起引导、启蒙的作用。幼儿阶段，性别差异明显，要创造有差异的性别教育，推进男女孩的和

谐发展。

幼儿园阶段应该培养孩子哪些方面的能力，才有助于生命的整体发展呢？

（1）培养孩子的规则意识和执行能力。进了幼儿园，孩子学会了把玩具放回原处，学会了离开教室的时候听老师的口令，学会了自控，知道老师讲故事的时候，不能随便在教室里走来走去，不能随意打断老师说话。常规教育对幼儿来说实在太重要了，俗话说"没有规矩不成方圆"。幼儿从小就要养成良好的自我约束及适应环境的能力，知道在不同的环境里该做什么，不该做什么。养成好习惯会受益终生。

（2）培养孩子的社交能力。其实，许多3岁左右的孩子已经有一定的社交经验，幼儿园要为孩子创造一个很好的氛围，教他们怎样保持友谊，教他们在没有教师和爸爸妈妈帮忙的情况下自己怎样独立解决小伙伴之间的冲突。在幼儿园里，孩子学会交朋友后，不仅会提高他的语言表达能力，而且对于孩子长大融入社会大有好处。

（3）培养孩子的生活自理能力。在家里，爸爸妈妈看到自己的宝贝略微吃力地干一件事，总是会忍不住上去帮一把。但是在幼儿园里，老师不可能像爸爸妈妈一样对这么多小朋友给予同样的关照。老师会耐心地教孩子怎样做事、怎样照顾自己、怎样克服困难，这些简单的生活自理能力能够给孩子相当的自信，这种自信对孩子的成长非常重要，因为他们总有一天会走出家庭，走向社会。

（4）培养孩子的综合学习能力。幼儿园的教育内容涉及健康、语言、社会、科学、艺术等五大领域，各领域的内容相互渗透，从不同的角度促进幼儿情感、能力、知识、技能等方面的发展。过分注重识字、算术等方面是片面的，也是不科学的，要培养孩子的学习兴趣和良好的学习习惯，并开发他们的注意力、记忆力、想象力及创造力。其中语言领域的能力有语言理解能力、语言表达能力、非文字阅读能力；艺术领域的能力有音乐、美术等方面的表现与创造力。幼儿园教育的目的是让幼儿在各个领域中学习并有所掌握。在对孩子进行智力开发的同时，还要对孩子进行"情商"教育，从整体上提高孩子的素质。

（5）培养孩子良好的品德、行为、习惯。要想学习好，先要学习做人。幼儿园的教育工作的原则是引导幼儿个性健康发展，因此不能忽视幼儿的社会属性，即他们的社会能力、品德行为方式和对情感、情绪的把握。如让他们学会与他人合作，能解决活动中同伴间的纠纷，懂得爱周围的人，理解别人，养成诚实、勇敢、好问、友爱、爱惜公物、不怕困难、讲礼貌、守纪律等良好品德。

（6）培养孩子的专注力。《幼儿园教育指导纲要》指出："培养幼儿注意倾听的习惯，发展语言理解能力。"好动、注意力不集中，是幼儿的基本特征之一。从小培养幼儿良好的倾听习惯和专注力，对幼儿以后的学习生活将会有很大的帮助，能受益终生。

幼儿教育应在立体式、多角度、丰富多彩的区域活动中培育孩子的情感、品质、习惯，在动手参与各种活动中开发潜能，让各种能力得以全面发展，促进孩子的健康发育与可持续成长。对幼儿园大班孩子而言，要重视幼小衔接教育，为顺利升入小学做好一切准备。

2. 小学阶段

小学阶段要激发学生对学习的兴趣，培养良好的学习习惯，同时学习一些课外的课程，在艺术、体育、科技、中华文化等方面，培养孩子的爱好与特长，丰富孩子的精神生活。这个阶段男女孩各自特点明显，生理发育速度有差异，各自成长的规律不同，要注重因性而教，实施尊重性别差异又有适度区分的教育，让每个孩子都有一个难忘、幸福、美好的童年。

孩子在小学阶段的成长，究竟有怎样的规律？教师如何促进孩子全面健康成长？

（1）一年级。

成长特点：对小学生活感到新鲜，但适应性弱。孩子好奇、好动、喜欢模仿，但难以专心听讲。

服务成长：教师应注重培养孩子以适应为主，告诉他们学习知识不是最关键的，关键是培养学习兴趣。积极培育孩子在艺术、体育等方面的爱好，发展孩子艺体方面的特长，提升孩子成长的乐趣，让小学生活带给孩子幸福的感受，让孩子的每一天都在趣味、微笑、欢乐中度过，让小学生活充满魅力，深深吸引每一个孩子。

（2）二年级。

成长特点：这是小学阶段形成自信心的关键期，是学习习惯、态度逐渐定型的过渡阶段，孩子情绪不稳容易冲动，自控力不强。

服务成长：教师要多表扬、肯定孩子，注意孩子的心态变化，培养好的学习习惯，如端正写字、按时做作业等，学习上注意基础知识的把握。学校应提供适合孩子成长的艺体、科技、国学等校本课程，丰富孩子的生活，激发兴趣、发展特长、快乐成长。

（3）三年级。

成长特点：孩子情感发生变化的转折时期，从情感外露、浅显、不自觉，向内控、深刻、自觉发展，但情绪控制能力有限。

服务成长：教师要注意及时矫正孩子的不良习惯，如做作业磨蹭。注意培养学习兴趣，为进入高年级学习奠定基础。学校应提供多样化的校本课程，既有必修课程，也有选修课程。既要培养广泛的兴趣，又要在兴趣的基础上引导孩子慢慢学会选择，逐步培养主人翁精神，重视孩子团队精神、沟通能力的培养，实现每个孩子"全面发展＋特长发展"，为终生发展做准备。

（4）四年级。

成长特点：孩子生理与心理变化明显。孩子已经从被动学习向主动学习转变，有了自己的想法，但辨别是非的能力还有限。随着知识的增多加深，孩子开始出现小学阶段的第一次分化。

服务成长：教师要注重培养学习能力、情绪控制能力、意志能力、学习习惯，及时帮助孩子发现问题、解决问题、树立信心。重视孩子的注意力问题、书写习惯，培养孩子演算、检查的习惯。通过正确的引导将平时的困扰不安转化成对自然与社会的探索激情与求知欲望，让孩子的综合能力得到快速的发展与提升。学校要开设大量的适合孩子发展的校本课程，必修与大量选修结合，教师要重视与关注孩子的特长发展，积极组织多种活动，丰富孩子们的精神生活，激发精气神、塑造真善美。

（5）五年级。

成长特点：孩子已出现性成熟现象，变声期经常会出现一些自己控制不了的怪声调而引起哄笑。女孩可能出现初潮，却不知如何处理。

服务成长：教师要注重加强孩子的心理健康教育，增强学习技能的训练，培养良好的智力品质，引导学生树立学习苦乐观，激发学习兴趣、求知欲望和勤奋学习的精神，培养正确的竞争意识，培养做事情的坚持性，使学生树立积极进取的人生态度，促进学生自我意识的发展。在艺体特长培养上有一定的特色，孩子已在体育、艺术上有自己的特长并得到继续发展。培养孩子关注社会，参加义务小志愿者活动，培育责任感与爱心，让善良成为孩子的价值选择。

（6）六年级。

成长特点：孩子进入青春早期，自主意识逐渐强烈，喜欢用批判的眼光看待周围事物，有时还对师长的正当引导与干涉进行反抗、抵制，情绪不稳定。孩子的记忆力得以增强，注意力容易集中，特别是抽象思维、逻辑思维加强了，自我意识、评价教育的能力也得到了充分发展，初步形成了个人的性格和人生观。此时的孩子意志力不够坚强，分析问题的能力还在发展中，遇到苦难和挫折容易灰心。

服务成长：教师要密切关注学生的心理变化，使他们学好的同时，促进心理健康发展。要开设多样化的校本课程、课外活动，既发展特长，又丰富生活。教师要成为孩子的成长导师，注重价值引导、心理疏导、方法指导，增加师生相处的时间，建立和谐的师生关系。教师要关注小初衔接教育，开发好衔接课程，为顺利升入初中做好准备。

3. 初中阶段

孩子从小学进入中学，对学生来说是一个飞跃，学生面临着新的环境、老师、同学，对一切既陌生又好奇，心态比较放松。科目增多了，知识难度也比小学有了较大提高，已经不能用小学的方法来学习，一定要及时调整，学习分配也是需要注意的问题。孩子进入青春期，一定会有青春期的烦恼，要高度重视青春期心理健康教育、科学的性教育，推动孩子全面发展，展现青春激情，彰显青春魅力。

孩子在初中阶段的成长有何特点？教师如何促进学生全面可持续发展，为将来的高中生活奠基呢？

（1）初一。

成长特点：兼具成熟性与幼稚性，身体形态和心理都相应地产生变化。兼具向上性与盲目性，自我意识开始发展，有了一定的评价能力。在学习和纪律方面会认真努力，但思维的独立性和批判性还处于萌芽阶段，神经系统调节能力较差，容易受外界影响，有从众心理。兼具独立性与依赖性，不愿让大人管，但学习和生活中遇到具体困难希望得到老师与家长的帮助。兼具新鲜感和紧张感，对新环境、新老师、新同学、新学科感到新鲜，很多学生还以小学的学习方法和态度对待初中的学习，导致上课跟不上老师的进度，学习力不从心。

服务成长：教师须知，由于学科增多、复杂性增强，考试也会适度增加，注意心理辅导与自我意识的教育，加强青春期教育，情绪控制的教育等。要丰富校本课程与集体活动，培育孩子的主人翁意识，丰富孩子的精神生活，努力展现孩子的特长，促进其有个性、有规矩地成长。

（2）初二。

成长特点：学生已进入青春期，不管是男同学还是女同学，身体都发生了许多引人注目的变化。青春期性成熟带来好奇心和探究欲。表面上什么都不在乎，实际上从众心理很重，既想标新立异又担心脱离集体，于是有的学生出现了紧张、焦虑、自卑等不健康心理。

服务成长：教师要注意加强青春期性健康教育，做孩子可信任的朋友，及时发现问题，及时科学引导。要加强学法的指导，强化对学困生的辅导，努力防止过于两极分化。要培养孩子的自主选择能力，使其在多样化的校本选修中学会自主选择，促进其积极主动成长、快乐生活。

（3）初三。

成长特点：心理趋于定型，学习成绩相对稳定，观察力接近成年人水平，思维活动处于抽象、概括的水平。但由于初一、初二打下的基础不一样，以及习惯上的差异，孩子表现出不同的心理与行为，一大批学生对中考迎考复习表现出积极的热情与行动，也有一小批学生对中考迎考复习表现出消极态度与逃避放弃。

服务成长：教师必须有高度的责任感与使命感，高度关怀每一个学生，全面服务学生的成长。教师要有爱的智慧与艺术，营造好的成长环境，激发孩子成长的动力，促进孩子快速成长。教师要有挑战与超越精神，用精神激励精神，师生不畏困难、迎难而上、勇往直前。教师要重视学困生的培养工作，力争使每个学生进入高中学习，为普及高中教育打下基础。

4. 高中阶段

高一可能面临两大问题。一个是男生玩游戏上瘾的问题。无论如何要在高一第一个学期矫正好，否则后面就很难。二是男女生交往过密的问题。家长与教师要把握一个原则：鼓励正常交往，但是要高度关注。高二是学生最容易放松的阶段，开始明显两极分化，家长和学校要多沟通，根据每个学生的具体原因对症下药。另外，高二还面临选科。家长、教师一定不要强迫学生选自己不喜欢的科目，要和孩子好好沟通，将今后想从事什么职业、想上什么大学及专业结合起来考虑。高三，家长与教师要做的就只有一条：与孩子一起面对超常规的心理压力。如果孩子已经高三了，赶紧查漏补缺，看看哪个节点还有问题，赶紧补救还来得及！高中阶段是人生观、价值观、世界观形成的关键时期，学校要创新德育工作，激发理想、培育信仰、健全人格、塑造品质，使学生牢固树立社会主义核心价值观，激发其为实现伟大复兴的中国梦而努力奋斗的情感。

（1）高一。

成长特点：孩子表现出强烈的自主性，希望从父母的束缚中解放出来。感情变得内隐，内心世界活跃，但外部表现却并不明显。家长与教师必须非常清楚，高中阶段学习难度和深度较初中上升到新的台阶，跨度很大，很多学生都是上课能听懂，课后作业也认真完成了，结果成绩却不理想，其实症结就在于学生的知识迁移能力差，综合学习能力急需提高。

服务成长：教师一定要跟家长强调，在高中阶段不能掉队，有问题不能拖，高中各学科都是知识的延伸，有很强的关联性，一个知识点或是知识模块出现问题会导致这个学科的学习遇到瓶颈，应及时解决问题。学校教育要尽可能提供多样化科技、人文、艺体校本课程，要增加阅读量，拓展知识面，重视孩子核心素养的提升与关键能力的发展。

高一重要的事情：重视高一，成就高考；提前动手，从容应对；发现漏洞，及时弥补；成绩波动，正确看待；理想激活，坚韧坚持。

（2）高二。

成长特点：一批学生生活在目标明确的奋斗里，内心有力量，行动力强；另一大批学生目标不明确，孤独感与焦虑感加强，男女生关系过密问题相对更为严重。在学习方面面临这些问题：两极分化日益明显，导致各种心理状态；归因心理发生很大变化，大部分学生学习的主动性明显增强；对高考有期待也有恐惧。

服务成长：家长与教师都必须明白，"高二先轻松一下，要不高三就没有轻松的时间了"，这种想法非常错误，结果就是高二轻松了，到高三也紧张不起来，造成了严重的分化。一些学生由于基础太差，到高三再想努力的时候，却为时已晚！高二的教育教学工作特别需要有温度、高度、创新精神，课程需要丰富，努力推动孩子全面成长、跨上新台阶。

高二重要的事情：重视精神的成长，丰富精神内涵；注重合作学习，培育团队精神；均衡发展，不要偏科；重视学力培养，打好全面基础。

（3）高三。

成长特点：学生呈现的特点不一，主要表现为以下三种类型。

信心型：这部分学生思想上有明确的目标和远大的理想，有浓厚的学习兴趣，有良好的心理素质，基础扎实，方法科学，学习能力强，各科平衡发展，历次考试成绩稳定，对高考充满信心。

迷茫型：这部分学生心理上渴望升入理想的大学，但由于基础不扎实，学习方法不当，成绩经常波动，从而导致思想不稳，当成绩不进步或下降时，比较消极，感觉考大学难，对前途感到迷茫。

放弃型：这部分学生基础较差，虽经努力，但成绩没有进步，或者学科发展很不平衡，思想进入"升学没有希望"的误区，以致成绩越来越差，甚至最关键的时候自暴自弃。

服务成长：教师要认识到高考是孩子人生的大事，高考对每个学生来说，都有着十分重要的意义，但一定不要无限放大高考的作用。要把高三的学习生活放到人生的坐标系中去思考，这是师生共同享受生命奋斗的幸福过程。不要把高考神秘化、恐怖化，而要视高考为对生命的有效历练，是一个需要自然应对、水到渠成的过程。只有最优的高三成长过程，才会有最优的高考结果，强化在过程中成长。高三要为孩子们适应大学生活或未来社会生活打下全面基础，要为终身发展培育必备品格与关键能力，促进每一个孩子健康可持续发展，为孩子们的一生幸福奠基。

高三重要的事情：目标明确，合理定位大学与专业；恰当选择学习模式，课外辅导必不可少；重视第一轮复习，不投机取巧；调整心态，焦躁迷茫时要及时回归正轨。

二、读懂学生，要知道学生喜欢什么样的教师

教师的根本任务是教书育人，教师是学生成长的引领者、服务者，学生是学校的中心，教育的一切价值是为了促进学生的健康成长，离开学生的成长，教育将变得毫无价值与存在的意义。只有读懂学生，学校才能营造和谐的校园文化；只有读懂学生，教育才能走进学生的心灵；只有读懂学生，教师才能与学生精神共振。要读懂学生，就必须不断地走进学生、陪伴学生，慢慢了解到，什么样的教师受学生尊重、喜欢。

（1）懂尊重。尊重学生，平等对待，真诚相处，绝不出口伤人，更不把学生当成累赘，而是把学生看作一个个活生生的生命个体，把学生看作未来

的人、有希望的人。要尊重每一个生命个体，要尊重暂时落后的孩子，要尊重还不理解自己的学生。因为你是教师，你更懂得博大与包容，你要以行动告知学生，懂尊重是人与人之间和谐相处的前提，不懂得尊重是做人的无知。

（2）会微笑。一笑天地宽，笑一笑十年少，会笑的人亲切、和善。微笑是仁爱的象征、是亲近的媒介，能带来美好的心情，让微笑展现在脸上，把微笑奉献给学生。教师把微笑带进课堂，能提升课堂效益；把微笑带进师生对话，能提高育人效率。

（3）人善良。善良的人，内心宽广，为人诚恳，对人真实，人见人爱。做人师，首先要成为良师，要善待每一个学生，要包容成长中有问题的学生，要积极培养、静待花开。

（4）心真诚。真心为学生着想，不自私，不贪功。当学生取得成绩时，要肯定学生的努力，要感谢学生的付出，不要将成绩归功于自己；当学生存在问题时，要善于担责，自我反思，不要把一切问题推给学生。教师在学生面前要善于推功揽过，这样才有担当精神，才有人格魅力。

（5）说笑话。幽默一下，调剂课堂，享受人生。说说笑话，活跃氛围，带来欢愉，拉近彼此间的距离，有利于师生关系的和谐。尤其是课外师生之间的交流，笑话不仅带来精神的放松，更有利于师生之间心灵的契合，学生更容易亲近教师，信任教师。

（6）爱表扬。好话让人如沐春风，坏话让人如见毒蛇。就算批评，也应注意技巧。原则是以事论事，绝不秋后算账，懂得表扬更能激发人的积极状态。在成长中的孩子，正是身体、心理发育的时期，一定会有成长的苦恼，适时恰当的表扬，有利于孩子的健康、自信成长。

（7）多宽容。学生毕竟年少，谁人年少不犯错？孩子在成长中出现错误，这是成长中的问题，很正常，在错误中慢慢矫正，让孩子在自我矫正的过程中体验成长。不要过于急躁，成长需要一个过程，要在积极中等待，要静待花开。

（8）少苛责。太过严肃的责骂，只能让学生害怕一时，绝不能实现长效教育，只有以情交心，才能实现以心换心，触动心灵。注重引导不折腾，注重浸润不强执，注重滋养不教训，引导启发，触及灵魂，用心做事，以情感人，推动自我反思，引导自我教育。

（9）话简洁。切忌唠叨，念经式教育容易惹人反感、生厌，激发学生逆反情绪，导致师生矛盾。教师要加强语言修炼，增加人文修养，不云人云亦云，言辞精辟，字斟句酌，语言多样，思想深邃，表达精炼。

（10）人优雅。德高为师，身正为范。为人师表，学生表率。注意言行举止，"勿以恶小而为之，勿以善小而不为"。教师品位要雅，要成为做人的示范、学习的榜样、研究的先锋、创新的典范、奉献的楷模，真正成为有修养、有内涵、有文化、有情怀、有担当、有创造的人，要成为学生可信任、可追随的人。

（11）不偏心。关注每位学生，呵护家家的太阳，偏心是教师的师德缺失，要相信每个学生均能长成参天大树，对待优秀生要有欣赏的赞美之情，对待后进生要有等待花开的耐性。以"有教无类"促进"起点公平"，突出"为了一切学生"，提供面向全体的公平教育；以"因材施教，循序渐进，差异发展"促进"过程公平"，突出"一切为了学生"，提供多样化、可选择的优质教育；以"人尽其才，各尽其能"促进"结果公平"，突出"为了学生一切"，提供相互衔接的一体化教育。

（12）作业少。童年不应该淹没在作业堆里，作业适量即可，多做一道不见得好很多，少做一道不见得差很多。作业应该少而精，适度减少重复性劳动，要在典型性、针对性、能力点上做文章。作业的形式要多样化，注重分层布置，努力提升学生做作业的兴趣与效能。

（13）成绩好。保证学生对所学知识真懂、会用，能经常体验到学习的成功，拥有学习的持续兴趣，应考时胸有成竹。所教班级成绩能达到优良。教师要凸显课堂的核心是学习，要围绕学习来设计课堂流程，让课堂的学习效能最大化。教师要研究学习方法，科学指导学生改进学习，会学才能学好，学好才会有成功感，成功才会带来精神的愉悦，如此良性循环，激发出学生对学习的兴趣，就会让班级成绩越发优秀，也为终身学习奠好基。

（14）不告状。老师的嘴巴可以多用来与学生和谐交流，别有事没事拿起电话就告状，别开口闭口跟家长投诉：你的孩子上课又不认真。学生的问题往往有其深层次的原因，要走进孩子心灵，与心灵对话才会有效果。越是问题多的孩子越发需要与其做朋友，用真心实意的帮助赢得学生的信赖，促进学生的进步发展。

（15）换位站。换位思考，经常站在学生的角度想问题，不要老把自己的童年说得太过凄惨，用以彰显现代孩子的富足与幸福。因为现在很多的孩子少了重要的家庭成员——兄弟姐妹，很快连表兄表妹也没有了，他们的苦闷、无聊有谁知道和关心？教师不要总是站在自己的角度想当然，不要用一个成年人的视角看问题，而要设身处地站在一个成长中的孩子的角度看问题，你所看到的世界可能就不一样了。教师要对今天的孩子多一份理解，多一份期待，多一份信任，多一份欣赏。

（16）互问候。半岁的小孩子都知道，常叫他名字与他玩的人最亲，学生更知道。知道学生的名字，了解学生的性格，关注学生的成长，回应学生的问候，主动关注学生，有利于师生关系的改善，构建和谐的师生关系，促进师生的同生共长。

（17）会感恩。身处社会中，人们哪天不交往？得到了帮助，记得说声"谢谢"，就算对方是学生。正因为是学生，老师对他的感谢更具分量与榜样作用。教师要善于感谢学生，因为有学生，我们的教育才变得有意义；因为有学生，我们对教育的研究才变得有价值；因为有学生，我们的教育才能创造成果，实现生命的价值。

懂得学生，贪玩，爱吃，好动。适时满足学生合理的要求，或者创造条件为学生搞一些有益的活动。读懂学生，师生之间才能开展有效的教育对话；读懂学生，教育才能遵循孩子成长的天然规律；读懂学生，才能尊重每一个生命个体；读懂学生，才能走进现代教育。

三、读懂学生，要成为教师的教育追求

作为教育工作者的教师，教书育人、服务学生，这是教师的天职。把教

育看得崇高的人，一定会把教育事业看作人类最美好的事业去追寻、去创造、去奉献，把读懂学生作为教师的教育追求。他们深知，只有读懂学生，才能走进孩子的心灵，才能与孩子的精神世界对话。他们从不抱怨学生、抱怨别人，他们怀着感恩的心、虔诚的心去智慧育人，去创造适合孩子成长最好的教育。他们深知，与其抱怨改变不了的现实，不如努力改变自己。孔子说得好："不患人之不己知，患不知人也。"与其抱怨学生不了解自己，不如让自己强大起来、智慧起来，让自己变得更加优秀，让自己成为读懂学生心理的专家，读懂学生成长规律的导师。读懂学生，教育理念就会转变，教育行为就会改变，教育创造能力就会提升，教育的探索与研究就会永远在路上。

社会是由个体组成的，每个个体的改变，连接起来就是社会的改变。因此，我们倡导实干，不管他人，自己先动起来。天下未忧我先忧，他人未干我先干。实干是石，敲出星星之火；实干是火，点燃熄灭的灯；实干是灯，照亮夜行的路；实干是路，通往未知的梦想。真的就是这样，地上本来没有路，走的人多了，也就有了路。读懂学生，一定会遇到种种挑战，需要非凡的耐力与勇气，但前提是大家必须都先走起来，披荆斩棘，遇山开道，遇水架桥，历经坎坷，攀登跨越，最终必将走向成功。

课堂最终属于学生

　　培育学生的关键能力与必备品格的主要途径在课堂，课堂是实施素质教育、培育核心素养的主渠道。教师的专业价值要在课堂中去展现，教师的生命意义也需要在课堂中去实现。课堂是师生对话的主要场所，课堂的质量决定着教育的质量。课堂是如此的重要，课堂值得每一位教师终身探索研究、终身创新实践。课堂究竟因何而存在？课堂最终属于谁？这是每一位教师都应该回答好的问题。我认为：学生是课堂的根、课堂的命，学生是课堂存在的全部理由，课堂最终属于学生。

一、课堂的核心是学生的"学习"

　　我校的"魅力课堂"改革是以"学习"作为课堂核心的全面改革，"学习"是课堂的核心，课堂应该围绕"学习"这一核心来展开。教师要精心策划学习流程，要努力推进课堂学习的多样化。创建学习的情景，激发学习的兴趣，丰富学习的方式，拓展学习的时空，发展自主学习的能力，激励学生在学习中进步，培养终身学习的习惯与能力，为学生的终身发展奠基。

　　身为教师的我们，在课堂中的一举一动、一思一想，都事关学生的学。要使学生在课堂上主角"凸显"，教师要把握住几个关键要素。

1. 不越权

　　学习始终是学生自己的事，学生必须成为学习的主人。我们所能做的，只能是引导学生学、帮助学生学，而不是强迫学生学、代替学生学。每次备课前、课堂上，我们都在心里默默地提醒自己，也许就会少一些"给"，多一些"引"。在备课时，我们不再站在教师的角度思考问题，而是时时以学生的视角思考，设计好课堂的学习流程，譬如：这样的问题学生会怎样思考？他们已有的学习基础和新知识点之间的连接点在哪里？这里表达方式的奥妙，学生能体会吗？怎样的学习流程会提升学习的兴趣、促进学生的学习？……课堂上，若牢记教师仅仅是助学，教师就不会"好心"地"满堂灌"，取而代之的必然是耐心地倾听、细心地引导。教师记住自己的"引导者、帮助者"身份，学生的"课堂主角"一定会当得更好。

2. 守底线

如果我们的学生没有开始学习，我们的教学就不能开始！我们必须警惕身处课堂的他们心在别处，我们的责任是把他们的心思引回到激情动人的学习中来。课堂教学应该如潺潺溪流，不为速度与激情，只是涓涓细流，从容而行。课堂不追求高速度的表面效率，却追求分分钟投入爱的效果。学生是课堂的主角，若主角不参与其中，这样的课堂速度再快，看着再热闹，那也只是教师的课堂、部分学生的课堂、"伪学习"的课堂。教师的底线是，保证学生在学习。为了让每一位学生成为主角，教师要运用自己的智慧，把学生的注意力牢牢地留在课堂上，一旦发现游离者，要舍得停下来，敢于停下来，用眼神、动作、精彩的学习内容、教育的智慧与艺术把学生"召回来"。

3. 讲科学

我们必须怀着清晰的目标、带着深厚的专业知识走进课堂，因为以已昏昏绝不可能使人昭昭。我们不迷信顺畅的课堂，我们相信学生的成长需要经历从不会到会的过程，从发现问题、暴露问题，到研究问题、解决问题的过程。如果没有经历学习的困难与挑战，也就无法获得学习的品质，更难以享受精神的成长。

课堂教学，必须思路清晰、目标明确、学生真学、以学促教、以评促学。"学生主体""学习主人"绝不能仅仅是响亮的口号。在课堂教学中，教师应该扮演不可替代的重要角色，但是，永远别忘了：学习是课堂的核心，课堂最终属于学生。只要我们记住这一点，我们就会明白教师应有的作为。

二、教学的过程必须关注学生的"真正学习"

课堂教学究竟是一个怎样的过程？是教案完成的过程吗？教师在课堂上究竟要做些什么？我们要做的工作，就是引发学生的学习信息，然后收集、处理它们，以正确地推进学习，一个无视学习信息的教师是在蒙着眼睛上课！这就是一个教师在课堂上最重要的工作——关注学生的真正学习，把学生的所有表现尽收眼底，据此来推进学生学习，达成学习目标。只想着完成教学任务的教师，不会观察学生在课堂生产的信息，或许连学生生产信息的机会都不给，只是一步步走完教案，就认为自己上完了课，学生也应该学会了知识，这种陈旧的思想、谬误的思维，只会带来教学的失败。教学过程中要关注学生的真正学习，需要在几个关键点上做文章。

1. 面向全体

在课堂教学中，常常出现个别学生主宰课堂、霸占课堂，大部分学生被动地看热闹、被边缘化。这样的课堂在浪费大部分学生的美好童年、青春年华，这样的课堂很危险，长此以往，学生会厌学厌校，度日如年，严重影响学生的心理健康。如教师抛出的重点问题，立即被个别学生接住，对话发生在师生一对一或一对几之间。虽然对话非常顺利，老师很满意个别学生的表现，觉得这个重点问题得到了解决，但众多的学习信息被忽视了，一块布蒙在了教师眼前，大多数学生真正走到了哪里，有没有生产课堂应该生产的信息，这些信息反映了什么样的学习状况，他都不知道。这样的教学只是教师个人的教，学生的学习只是"个别学""伪学习"。摘下这块蒙在教师眼前的布，我们需要思考如何才能引发全体学生的学习信息，要怎样收集信息才能全面地了解各个层次学生的想法，要怎样处理正确的、错误的、无关的各类信息才能推进下一步的学习。如此，一个真正的、清晰的学习课堂才会出现。课堂要关注每一个学生对学习的深度参与，如：都在认真阅读、独立思考、潜心练习；都在积极对话、参与讨论、思维撞击；都在动手实验、细心观察、做好记录；都融入到请教问题、解决问题、兵教兵的氛围中；都在多器官调动沉浸在教师的精讲里、同学优秀方法的分享里。让每一个学生在课堂中的每一个环节，都在积极参与、热情行动、切身体验。课堂是学生学习的舞台，在这个舞台上，我们是否给了他们绽放自己的机会，我们是否欣赏了每一位学生的精彩表演？教师需要有清晰的视界，摘下那块蒙着眼睛的布，让每一个教学过程真正成为学生真正学习的过程。

面向全体，关注每一个学生的成长，不仅是一种理念，更要成为一种教育行动。教师心中要装着每一个学生，关注每一个学生，在课堂中要关注每一个学生在每一个环节的参与、感受与成长，激励每一个学生自信奋斗、发展成长。

2.问题驱动

教师是学生的服务者，课堂教学的目的是促进学生的学习，解决学生的真实问题，助推学生的成长，使学生学会做人、学会学习、学会生活，实现学科育人。教师要研究学生的起点，依据教学内容、课程标准、教学目标，找到学生的最近发展区，寻找学生的真问题、有思维含量的问题、激发兴趣与追求的问题，通过问题驱动激发学生的内在动力，并通过多样化的学习方式有趣、有效地解决问题。课堂要防止假问题，如果假问题充斥在课堂上，尤其是基于假问题形成假热闹，就会严重影响真问题的解决。问题是思维的起点，设计课堂问题的前提是"疑"。从"疑"入手，给学生营造一个适于探究的学习氛围，通过新材料、新情境、新视角设计问题，引导学生在宽松的思维时空中思索、讨论、辨析，从不同角度、不同层面加深对知识的理解，实现认知的重组和思维的创新。

3. 设计课堂问题注重"十二性"

目标性。问题设计的目标性越强，课堂教学的效果才会越好。

情景性。教师要善于创设问题情境，并尽可能地使这些情境与学生的生活经验和学习需要联系在一起。

趣味性。问题设计的趣味性，有利于学生精力集中、精神兴奋，激发探究欲强，增强课堂的吸引力，促进学生主动愉快地成长。

环节性。问题设计的环节性越突出，课堂的结构就越清晰，解决问题的路线图就越明晰，课堂教学的效果可能就会越好。

针对性。课堂问题的设计要加强针对性思考，一是要思考如何针对教学目标的要求，二是要思考如何针对学生的实际情况，在两个针对的基础上进行创新设计、趣味设计、科学设计，才能凸显问题的功能，以问题带动发展，有效提升课堂质量。

应用性。课堂问题的设计要注意理论联系实际，增加知识的应用性，强化学以致用，提升运用知识解决实际问题的能力。

科学性。注重问题本身设计的科学性，始终关注课程育人，要把发展学生创新能力与提升道德素质科学有机地结合起来。

创造性。课堂问题设计应有一定的探究性和开放性，注重培养学生的创造性思维。

挑战性。课堂问题设计要有一定的难度，以激发学生的求知欲与攀登精神。

启发性。好的提问应该富有启发性，应该是把注意力放在激发学生的思维过程上，而不应该急于走向结果。

生成性。教师要善于捕捉学生的问题，不断鼓励质疑，不断生成新问题，不断培养学生质疑的习惯，促进其思维的纵深延展、智慧的提升、创造力的发展。

自主性。老师的问是为了让学生问，几个学生问是为了让全体学生都能问，互动性提问可以调动学生主动思考，探究学习，从而促进全体学生的主动发展。

问题驱动是一门艺术，每个教师都必须精心设计、科学探究、有效评价，使每个学生具有积极的参与意识，保持高涨的学习情绪，使教师的教与学生的学能紧密配合，使学生的主体作用与教师的主导作用得以充分发挥，使课堂气氛活跃，提高课堂教学的质量，使每个学生在有疑、质疑、生疑、释疑、解疑中迸射出创造的火花。

4. 落实到底

课堂要注重落实，要将落实进行到底。课堂上，教师在讲解问题后常常问学生：听懂了吗？学生也往往齐声回答：听懂了。教师真以为学生懂了，便按照教学程序往下走。但当学生独立去解决这些问题时错误还很多，效果不尽如人意。如果教师注重效果的落实，就要将语言"听懂了吗"转换成"你能通过独立思考练习解决这些问题吗"。教师应该让学生在思考与解决问题中检验效果，继续发现问题、解决问题。教师要注重在教学流程设计上有落实的环节，同时要强调让每一个问题都能在学生的手底下得到解决。教师要高度关注学生是否参与、是否理解、是否落实在笔下、是否能独立解决问题。教师还要注意将"落实"向前、后延伸，即课前要落实自学环节，推动学生课前自学，培育学生的自学能力，让学生将自学中存在的问题带入课堂，提高课堂效率；课后要落实巩固性作业，针对作业中存在的问题，进行集中讲评与个别辅导，并在讲评与辅导后，督促学生更正错误。

教学的过程是关注学生积极参与的过程，是实现学生真正学习的过程，是促进每一位学生成长的过程。教师要用心观察、用智慧推进、用艺术唤醒，促进学生全程参与、主动学习、真正学习，努力实现每一个学生在各自起点上的进步与发展。

三、课堂是学生经历风雨、体验成长的舞台

走过 36 年的教育生涯，当过 28 年一线教师，从走上教育岗位开始，我

每年都会走进一些比赛的课堂，常见到上课的教师激情四射，与学生们默契到没有一点瑕疵，回答问题是那样的完美，我总是羡慕不已。每一个步骤，每一个环节，每一次对话，就像设定好了一样，学生跟着老师走到了课堂的终点，师生赢得了掌声。但这样的课听多了，我却不由得产生了怀疑：这样的课堂，是否有课前的重要铺垫，是否真的那么值得我们学习？如果学生没有经历过挫折，没有体验摔倒后仍然爬起来的坚强，那么我想他们并没有在课堂上留下难忘的成长体验！艰难跋涉、化险为夷、得心应手，都是孩子成长的有效体验，经历黑暗才知黎明的可贵，历经寒冬才知暖春的幸福。

1. 积攒教训

学习本身就是一个体验的过程，一个积累的过程，不仅是积累成功，还要积累教训——如果从来没有经历过艰难挫折，怎么能够知道什么叫豁然开朗？学生需要在问题中寻求突破，在问题中发现思路，在解决问题中成长。当发现学生用错公式的时候，教师的当堂指正就是对他们最好的关怀。当学生对定义的理解发生偏差的时候，同学当场纠正就是对他们最大的帮助。最好的学习就是充分体验学习的真实过程，被教师、同伴当堂指正，然后慢慢地思考、琢磨，直到学会。

不要为了公开课而让课堂华丽，不要以为一帆风顺的课堂才是好的课堂，让学生走过一些泥泞，他们才能享受真正的成长——那种由学习带来的精神愉悦。不经历失败，怎么能成长？不经历风雨，怎能见彩虹？

2. 努力攀登

每一个学生的成长环境不一样，每个生命个体必然存在较大差异，个性、基础、兴趣、思维能力、学习品质均表现出不一样的特征，他们的学业也处在不同的层级，要鼓励每一位同学在自己的起点上努力向上攀登。发挥小组合作学习、兵教兵的作用，是推进面向全体、促进差异发展的最为有效的方法。在小组合作学习过程中，让每一个有问题的学生都敢于发问，让每一个有能力解答问题的学生主动为师答疑，让每一个中间的同学融入小组认真倾听，促进上中下不同层次的学生在各自起点上的进步，实现有差异的发展。不同个性的学生在学习中遇到的问题各有不同，教师的讲解无法针对学生的差异，满足每一个孩子的问题需求，但小组合作学习能调动每一个个体的主动性，将自己的问题暴露出来，并获得有针对性的解决，有利于提升学困生的自信心，提高学困生的学习质量。优秀生在帮助学困生解决问题的过程中，不仅收获了友谊，同时也推动了自己的深入思考、多维思考，让自身发展得以拔高。中间生在反思问题中学会借鉴，在倾听讲解中学会增智，开拓了眼界，让能力得以提升。因此，教师要努力推动合作学习的深度发生，只要能通过合作学习来解决的问题，教师坚决不讲，而是促进兵教兵作用的充分发挥。

学生个体的差异，是教师课堂教学的重要资源。教书育人，助推每一个孩子的进步发展，是每一位教师的重要使命。教师要发现每一个学生所处的台阶，为每一个孩子的攀登鼓舞斗志、提供帮助，让每一个孩子勇于攀登、自信攀登、努力攀登。

3. 助推成长

我们要让学生明白，学习是自己的事，老师在前面带路，让他清楚地知道我们要去哪儿，辛苦劳累也要坚持，因为老师就在前面等他，但老师绝不会拖着板车载他，他慢慢走，总会跟上。走进教室前，我们必须弄清楚三个问题：今天的 40 分钟要让学生到哪儿？怎样才能帮助他们到达目的地？评价他们是否到达的标准是什么？清楚地捕捉学生学习的真实信息，及时反馈调整，不迷信顺畅的、所谓完美的课堂，而是让学生经历学习的困难。40分钟有限的课堂，能创造无限的精彩，因为我们的教学内容没有面面俱到。我们带着学生一起打井，不是东挖一下，西挖一下，而是专注一处挖，往下往下再往下，直到清澈的水噗噗冒上来！这就是我们的课堂，让学生经历风雨、体验成长。

记得我年轻的时候，为了完成教研组的开课任务，为了不至于在课堂上漏洞百出，我让学生做了充分的预习，甚至在课前进行了一系列的辅导——

近 70% 的学习任务，学生已经提前完成了。所以，那一堂课风平浪静地完成了，学生的表现很好。在我的引导下，他们似乎都学会了，我自以为成功了。可是在接下来的课上，当再次提问的时候，我发现很多学生并没有真正掌握。我在另一个没有进行课前辅导的班级再上同一课，发现他们在理解概念、运用概念分析解决具体问题时都出现了很多问题，而这些问题才是真实的问题，是我们真正需要去解决的。那一堂课，我花了很多时间让学生围绕着问题学习，并和他们一起解决问题。我看到他们从不会到会、从不理解到完全掌握，看到了他们面对困难时毫不退却的精神状态，看到了他们的成长。我想，这样坎坷的课堂，才是我们真正需要的课堂，才是学生真正需要的课堂！

有体验，才有成长。在课堂上，教师要为学生的学习设计流程，让学生在多样的学习体验中主动成长。有深度参与，才有更好的成长。教师要精心设计问题，精心组织学习过程，激发学生广泛深入地思考、练习、再思考、再练习，深入讨论、层层推进、步步拔高，在攀登中实现成长。有动力激发，才能持续成长。由于基础的差异，学习中不同程度地存在困难，需要有一种迎难而上的精神去挑战，在挑战中推动成长。每个人在学习的道路上也不是一帆风顺的，会经历春夏秋冬、酸甜苦辣，会不断地经受一系列挫折甚至是打击，要培育坚韧的意志与顽强的品质，在挫折中奋起，在坚强中历练成长。做教育绝不能急躁冒进，要有自己的定律，教师要善于和孩子的精神对话，读懂孩子的内心世界，在激励教育中等待。花儿可以开在不同的季节里，每一个孩子都有开花的基因，教师要积极耕耘，经常培土、浇水、施肥、除虫，坚信都会有鲜花盛开的一天；教师要学会期待与激励，对孩子的一点点成长都及时肯定与赞美；教师要善用赏识教育，培育学生的坚毅品质，激励孩子善于挑战；教师要善用自己的教育激情，激发孩子的内在动力，强大的精神动力能促使其不畏困难、迎难而上、敢于挑战、永远向前。

课堂最终属于学生，课堂的一切是为了学生的成长，教师要用责任、用心、用智慧、用艺术做教育，努力助推每一个学生的成长。

与学生沟通的智慧

　　教育是崇高而伟大的事业，教师是天底下最灿烂的职业，教师只有对教育事业无限忠诚与敬畏，才能无愧于新时代教师的使命。课程是育人的基本载体，提供丰富的课程才有良好的教育，要努力创建多样化课程，激发孩子成长的乐趣、学习的兴趣，促进其健康持续有个性地发展。课堂是课程实施的主要途径，是教师专业能力施展的主要舞台，是学生能力发展、素养提升的主要阵地，只有让课堂充满激情、富有诗情画意、展现独特魅力，才能激发孩子的内在动力，才会有孩子的深度参与、主动学习，也才能全面提升教育的质量。教书育人是每位教师的天职，更是教师教育生命的终极价值。无论是课程的科学开发与有效实施，课堂的创新设计与激情超越，还是教师引导学生优秀做人、成功做事、幸福生活，都需要借助师生的有效对话来促进学生发展，使其全面、个性成长。

　　提供最优化的课程、展现最有魅力的课堂、注重师生对话的智慧，是教师专业能力的最高呈现。理念引导行为，行为决定效果。师生的对话究竟需要怎样的理念，需要注重哪些艺术与技巧，才能更好地走进孩子的心灵，激活孩子的内在动能，促进孩子主动、健康、快乐成长，这是值得每一位教育工作者一生去探寻的问题。有强烈的教育追求，有现代化的教育观念，才能创建有魅力的课程、充满魅力的课堂，展现教育对话的神奇。

　　当学生精神不振时，你能否使他们振作？

　　当学生过度兴奋时，你能否使他们归于平静？

　　当学生茫无头绪时，你能否给以启迪？

当学生没有信心时，你能否唤起他的力量？

你能否从学生的眼睛里读出愿望？

你能否听出学生回答中的创造？

你能否察觉出学生细微的进步和变化？

你能否让学生自己明白错误？

你能否用不同的语言方式让学生感受关注？

你能否使学生觉得你的精神脉搏与他们一起欢跳？

你能否让学生的争论擦出思维的火花？

你能否使学生学会合作，感受和谐的欢愉、发现的惊喜？

……

一、成人比成功重要

成长中的青少年，他们受家庭、社会、同伴、学校的影响，往往在价值选择、文化传承、纪律意识、行为习惯、自主管理、身心健康等方面有自己的独立思考与行为方式。他们在个人品质、生活态度、学习习惯等方面会存在各种闪光点，也会存在种种问题。学生经历一次考试后，师生的对话围绕什么进行：是围绕考试的成功与失败来分析原因，还是避开是否成功谈全面成长？这是教师首先要探究、要思考的问题。在学生阶段，学习是孩子的主要任务，但学习的目的是为未来成为优秀的社会公民打基础。

教育孩子先教做人。一个人为什么要读书？传统中最正确的答案，便是"读书明理"这四个字。明理，先要明白做人的道理。如果要问中华民族素来的教育目的是什么，那便是为了"做人"，而不是为了"生活"。教师首要的任务是引导学生优秀做人，了解孩子的秉性，尊重孩子的爱好，让孩子从做好小事开始，从担当起责任开始，从良好习惯的养成开始，培养正确的价值观，树立起人生的理想，珍惜美好生活，激发出学习的斗志，为人生打下优秀做人的基础。失败是成功之母也好，成功是失败之母也罢，对于成长中的青少年，还是尽可能少谈成功与失败这样的概念，因为今天谈论成功还是失败，根本不到时候，为时太早。

孩子有了人生的理想，有了责任担当的意识，明白了做人的道理，逐步培养起自我管理的能力，特别是认清了学习的目的，从学习的好习惯培养开始，从学习过程中行为的改变开始，从培养学习的好习惯开始，逐步培养出良好的学习品质、学习精神，丰富学习的途径，发展自己的爱好与特长，走在全面成人的道路上，那么，孩子的未来就充满了希望，祖国的明天也必将更加辉煌灿烂。

二、成长比成绩重要

统考后的班级主题班会如何设计才有更好的效果？考后教师与学生的对话围绕什么展开才能推动孩子的发展？家长与孩子之间应开展一次怎样的对话之旅才能促进孩子更好地成长？从孩子的长远发展来说，决定孩子一生的不是学习成绩，而是健全的人格修养，教育的对话应该从人格的培养开始。

作为教师你要知道的是，这些考试成绩其实并不能反映孩子是有多么的独特和特别。出这些考试题的老师并不了解每一个孩子，更不会像孩子的爸爸妈妈一样了解他。考试不会告诉孩子们，他们当中有些人才已经会说两种语言；考试不会告诉孩子们，他们已经能熟练演奏音乐、能唱歌、会跳舞；考试不会告诉孩子们，他们能给同伴们带来笑声，是值得伙伴信赖的人；考试不会告诉孩子们，他们能写诗或者写歌，甚至踢球也踢得很好；考试不会告诉孩子们，他们在家能把弟弟妹妹照顾得很周到；考试不会告诉孩子们，他们去过多少美妙的地方，能说出多少美妙的故事和经历；考试不会告诉孩子们，他们是善良、深思、可信赖的人；考试不会告诉孩子们，他们每一天都在让自己变成一个更好的人。孩子们的分数只能告诉大家他们的一面，但是它不能代表他们的每一面。所以，成绩只是成绩，孩子们可以为自己的分数而自豪，但是请永远记住，孩子们可以有很多种伟大的方式，考试绝对不是唯一的一种。因此，每次考后师生之间的对话，或者家长与孩子的对话，都要跳出成绩来谈成长，以培养孩子的健全人格为出发点，只有促进孩子全面持续成长，才能不断激发成长的信心，也才能慢慢激发学习的兴趣，实现学习成绩的提升与超越。

学习知识固然很重要，有了知识才有分析与解决问题的基本能力，但是有用的知识必须通过鲜活的生命个体的主动学习才能真正获得。只有树立正确的价值观，培育生命的理想与激情，认清学习的目的，激活人的潜能，激发人的斗志，培养学习的品质与毅力，掌握科学的学习方法，才能促进每个个体生命的全面成长。有了基本的素养，有了全面的成长，学习成绩的进步与超越也必将水到渠成。

三、体验比名次重要

如果学生没有经历过错误，没有经历过失败，那么我想他们并没有真正在成长的路上留下深刻的足迹！错误、失败、正确、成功，都应该让孩子体验，经历风雨才知彩虹的美丽，历经挫折才知坚强的可贵。

有体验，才有成长。每个人在学习的道路上并不是一帆风顺的，酸甜苦辣都有营养，成功失败都在历练成长。经历一段学习生活的体验，在体验中学会了思考、学会了合作、学会了感恩、学会了反思、学会了发现、学会了做人，这些就是在体验中的有效成长。孩子在不断地经受一系列挫折甚至是打击，慢慢培育起坚韧的意志与顽强的品质，能在挫折中奋起，在坚强中历练斗志，自觉向身边优秀的同伴学习，主动请教于同学、老师，这就是最好的成长。教师要善于等待，不是每一朵鲜花都开在春天里，积极培土、浇水、施肥，相信都会有开花的一天；教师要学会欣赏，对学生学习过程中的一点点进步都毫不吝啬赞扬；教师要善于用激励的武器，培育学生的奋斗精神，鼓励学生去勇敢挑战；教师要善用自己的教育激情，点燃学生的学习激情，强大的精神动力能促使其战胜一切困难。

学生成绩的排名在某种程度上是学生的隐私，拿不同特质的学生个体在成绩上进行统一比较是不公平的，也是没有教育意义的。在过程中体验多彩生活，在生活中享受全面成长，在成长中反思升华境界，在境界中创建优良品质，这才是教育的真谛。

四、巧干比苦干重要

巧干是一种创新，创新是推动民族进步和社会发展的不竭动力。商鞅变法为秦朝统一打下坚实基础；改革开放为中华民族伟大复兴插上腾飞的翅膀。要苦干更要巧干。我们反对表面苦干、伪装苦干、野蛮苦干，倡导科学的苦干与执著的巧干紧密结合，追求艰苦奋斗的优良传统与创新巧干的时代需求完美统一。苦干中显精神，巧干中显方法，有精神无方法难成大事，甚至劳而无功。巧干是干的升华，更是苦干、实干的必然归宿。

孔子说"知之者不如好之者，好之者不如乐之者"，程颢、程颐则说"学至于乐则成矣"。只有会学，才会爱学；只有爱学，才会乐学。因此，我们的教育需要改革，需要加强学习方法的研究与探索，需要凸显学习作为课堂核心的教学改革，需要教会每一个孩子学会学习。巧学是学的升华，也是苦学、实学的必然归宿。

学法研究是教育中一门最为厚重的科学，需要借助现代教育理念、大量的实践案例、长期的跟踪探究，寻找适合孩子成长的有效方法，为每一个孩子提供公平而有质量的教育。教师要把引导孩子学会学习放在学习的首要位置来思考。课堂教学要突出学法的指导、学习细微处的科学引导，改善学习方法，提升学习能力，为每个孩子的终身学习奠基。考后的师生对话要重在分析孩子学法中存在的问题，依据孩子的特点，有针对性地、科学地引导孩子学会分析、学会诊断、学会学习，为爱学乐学打下基础。

五、激励比指责重要

欣赏孩子，告诉他"你能行"。一味地对孩子总是不满、求全责备，带给孩子的是负面信息，孩子容易怯弱、抑郁，甚至产生厌世情绪。《中国少年报》的一个编辑，她有两大爱好，一是画画，五岁时画了一只公鸡，她的母亲说："太好了！你画的公鸡比我养的还漂亮！"于是，她更爱画了，黑板报从一年级画到高三，到农村插队给农民办报，后来就办了《中国少年报》。二是爱跳舞，在舞蹈学校来招收学员时，老师瞟了她一眼说："腿都不直还跳舞呢！"从此以后，她一跳舞就想起这句话，后来就不敢再跳了，再后来干脆不跳了。教师要知道，如果孩子从小生长在"你不行"的环境中，慢慢就会把"你不行"内化为"我不行"，他就真的不行了。如果孩子生长在"你能行"的环境中，就会把"你能行"内化为"我能行"，他就真的有造诣了。其实对孩子来说，有没有天分不重要，重要的是有没有兴趣与自信。别瞧人家，大胆为孩子喝彩，相信你的孩子也一定会成为有用之才。

懂孩子，才懂教育，读懂孩子，才会给他提供最适合的教育。成长中的孩子，还未成年，内心还比较脆弱，培养坚强的性格需要一个过程。孩子需要得到呵护，需要得到及时激励，用心发现孩子的优点，期待孩子的进步。经常的指责、抱怨、批评，会适得其反，让孩子一蹶不振，事与愿违。教师要建立起对孩子的信任、对孩子的尊重、对孩子的理解，对孩子多激励，这样才能走进孩子心灵，倾听孩子内心世界的真实话语，从而因材施教，激发精气神，塑造真善美，促进其健康、全面、持续发展。

六、对话比对抗重要

青春期的孩子爱跟老师"对着干"，三四十岁的教师也爱跟孩子"较劲"，双方各站一方，把自己的意见强加给对方，只想改变别人，不想改变自己。比如对待早恋，有些教师就简单、粗暴地阻挠，强行压制，情况往往更糟。

青春期的孩子正处在成人感迅速增强，但心理却不成熟的时期，特希望得到大人的尊重，又对部分教师缺少基本的信任，因此逆反心理很强，心灵的大门只朝着同龄人开放，这时候他特别需要心灵关怀，需要理解。另外，处于青春期的孩子，身体逐步发育成熟，对异性好奇，表现出喜欢、爱慕，这是正常的心理现象，教师不要轻易下"早恋"这一结论，只是男女孩之间关系过密。教师要引导、鼓励孩子多与同伴交流，包括与异性交流，保持与同伴之间，尤其是异性之间等距离交往。

师生之间需要通过有效对话来改善师生关系，师生关系是教书育人过程中最重要的关系，良好的师生关系是提升教育质量的前提。师生的对话要围绕价值观的引导、心灵的开导、学习方法的指导、问题的诊断与反思来开展，以促进孩子的全面成长。改善师生关系的主导方是教师，师生的关系要依靠科学的对话来改善，任何对抗的语言只会让师生关系变得紧张，只会让教育变得无效。如何才能拉近教师与学生之间的距离，打动学生的心灵？下面这十句话，也许对您有帮助。

（1）你最近有些沉闷，我需要你的热情！

点评：老师的话语犹如阳光播撒进学生的心灵，使学生充分感受到老师时时刻刻在关注、关心着自己，并且愿意随时给自己提供帮助。学生感受到了老师的心和他的心紧贴在一起，再大的困难也能克服。

（2）我们每个同学都很聪明，应该积极发表自己的见解！

点评：老师使用激励性语言给予学生信心，巧妙地引导学生积极思考，激发学生展开新一轮挑战的决心。这在潜移默化中增强了学生战胜困难的信心和恒心。

（3）如果你能试着喜欢上那些弱科，一定能成功！

点评：充满鼓励性的话语能够帮助学生消除偏科现象，激发学生对学习的兴趣，鼓励他们全面发展。在现在这样一个知识经济社会，教师要善于引导学生全面发展，成为综合素质较高的人才。

（4）勇敢点，不要怕，天塌下来，老师替你顶着！

点评：学生面对困难、挫折难免会产生畏难情绪，这时老师的语言应该像"雪中炭""六月风"。上述语言让学生深切地感受到老师理解自己，并打算用行动来支持自己，能和自己并肩作战，自然就对任何困难都不再惧怕了。

（5）你是一个很有想法的孩子，你的见解很有创意！

点评：这句话肯定了学生的创新思维和发展潜力，教师善于培养学生的发散思维和创新精神，激励学生不断努力，成为高素质人才。

（6）你的潜力很大，对于你来说，只要好好挖掘，没有不可能的！

点评：这是一句发展性的评价语，教师帮助学生认识他们在学习上已达到的程度和已具备的能力，鼓励学生继续努力，不断挖掘自身潜力，实现自身的可持续发展。

（7）也许你现在是贫困的，但老师相信，20 年后，你是最富有的！

点评：用正确的方法教育学生认识富有与贫穷。告诉学生，只要通过自己的努力，就可以实现自身命运的改变，变成一个物质和精神都富有的人！

（8）你敢于向老师（教材）提出个人见解，非常了不起！

点评：教师在课堂上对学生行为评价的话语，体现了对学生敢于发问的肯定。这是教师对学生发问行为本身的尊重，会在一定程度上激发学生的创新思维，使学生获得最大程度的发展。

（9）你的思维很独特，能说说你的想法吗？

点评：这是一种邀请式的话语，对学生行为给予了较高的评价，体现了教师对学生人格和行为价值的尊重。学生在得到充分尊重的前提下，更易于和教师进行交流，发表自己的见解。

（10）只要肯动脑筋，你一定会变得更聪明！

点评：学生总是希望别人给予肯定，教师运用正面引导的话语，充分展现了学生获得良好发展的前景，同时又隐含着告诉学生取得成功的正确途径和方法——"肯动脑"。这样的话语会使学生向着积极的方向付出努力并且获得最大可能的发展。

师生之间的对话，更需要有一对善于倾听孩子说话的耳朵，要让孩子把话说完，要鼓励孩子参与全程对话，要激励孩子成为对话的主人，让他把内心真实的话语说出来。教师要把学生当作朋友，看作学习的伙伴，尊重学生的主体地位，善于欣赏激励孩子的优点，也善于包容谅解孩子成长中的问题。多开展平等协商对话，让对话充满温情、和谐、艺术、智慧，让对话成为促进孩子成长的巨大力量，促进孩子幸福成长。

每个孩子的内心都有一个世界，这个世界竟是如此不同。要走进每一个孩子的内在世界，开展心灵深处的对话，是多么的艰难与复杂，是多么需要冷静与沉淀，是多么需要修养与文化，是多么需要耐力与坚持，是多么需要艺术与智慧，是多么需要爱与奉献。教育是神圣的事业，有对教育事业的执著热爱，对孩子未来的无限期待，对教书育人岗位矢志不渝的坚守，我们就一定能创造出无愧于时代的辉煌事业！

教师要善做勤劳的农夫，以笔为犁，翻耕知识的泥土；以汗为露，浇灌心灵的禾苗。晨兴而起，戴月而归。唯有春夏踏实经营，才有金秋的欣然收获。

教师要勇做顽强的海燕，每一场风暴，都鼓动着我们一根根追索的羽毛；每一丝阳光，都丰满着我们一丝丝飞翔的信念。目光坚毅，可以穿越重重艰难险阻；展翅高飞，只为丈量梦想与天空的距离。

教师要乐做一棵思想的芦苇，在思想的湖畔，审视内心，感怀天地。智慧越多极端越少，面对生活的疑难和挑战，我们要仔细观察，缜密分析，沉着应对。人，当智慧地行走，诗意地栖息。

魅力教育促孩子健康成长

健康教育如何在校园中得到有效的落实，是每一位教育工作者必须思考的问题，必须落实在学校办学的行为中。健康是青少年和儿童全面发展的基础，加强健康教育、提升学生健康素养，是贯彻落实党的教育方针、全面实施素质教育、促进学生全面发展、加快推进教育现代化的必然要求，是贯彻落实《"健康中国 2030"规划纲要》，建设健康中国、全面提升中华民族健康素质的重要内容。

一、健康教育需要有反思精神

十九大报告把健康中国纳入国家战略，体现以人民为中心的执政理念，表明党和政府对百姓健康的高度关注。身心健康是一个人成就事业、获得幸福的前提，是一个民族、国家走向强大的基础工程。健康中国战略的主要任务是什么呢？

《"健康中国 2030"规划纲要》明确提出其主要任务表现在四个方面：

第一，原则是健康优先发展。

第二，把健康融入所有政策。

第三，全面提高人民的健康水平。

第四，全方位、全周期保障人民健康。

改革开放以来，人民生活水平提高了，生活质量提高了，但是人民健康素质确实不高。我们的全民健康素质教育首先必须从源头上抓起，必须从娃娃抓起，提升儿童、青少年的健康素养，关注孩子们的身心健康，这是我们教育工作者的首要责任，更是我们神圣的使命。

反思今天的基础教育，对孩子身心健康教育还缺少足够的重视，身体问题、心理问题等还严重影响着孩子的健康成长，健康意识、锻炼意识未能全面养成，中小学生身心素质有待全面提高。据不完全统计，现在全国中小学学生的不良视力已经达到了56.5%，小学生就已经达到了45%，到高中则达到了近90%，肥胖率超过14%，还需特别引起重视的是营养不良率，偏瘦的孩子达到四分之一。（数据源自2017年12月22日《人民政协报》中的《让健康教育在学校"动起来"》一文）一些成年人的慢性病，如高血压、糖尿病，在小学已经开始有。小学每年体检的时候，已经给肥胖的孩子量血压了。再就是心理问题，如自闭、焦虑、暴躁等，原来很少，现在新生里面几乎班班都有，这是非常困扰我们基础教育工作者的一个现实问题。

为何会存在这样的情况？目前我国基础教育重智轻德的思想还较普遍存在，尤其是重智轻体的思想更为严重。一方面是人民的观念还需要转变，社会过于看重升学成绩，给学校造成了严重的升学压力。另一方面是学校教育还过于功利，在乎眼前利益，为孩子的终身发展考虑得不够。孩子的一切发展必须建立在身心健康的基础之上，唯有身心健康，才可能赢得美好未来，也才能为实现伟大复兴的中国梦贡献力量！

二、健康教育需要有先进理念

只有给孩子最好的教育，才能给孩子最好的人生。究竟什么是最好的教育，这是每一位教育工作者需要探究的问题，尤其是每一位教育管理干部首先需要思考并回答的问题。什么是最好的教育？

在苏格拉底的心中就是"点燃火焰"；

在亚里士多德的话语里就是"人性的改良"；

在孔子的思想深处是"大学之道，在明明德，在亲民，在止于至善"；

在孟子的解释里是"天命之谓性，率性之谓道，修道之谓教"。

反思今日之教育，着眼人才之培养，我们认为当下最好的教育需要：

构造"一方池塘"，服务孩子"自然成长"；

点燃"一束火焰"，启迪孩子"自己成长"；

敲打"一块燧石"，引领孩子"自由成长"；

推开"一扇大门"，促进孩子"自觉成长"。

1. 努力实现每一位教师的发展

让每一位教师都受到尊重；

让每一位教师都得到激励；

让每一位教师都有施展才华的舞台；

关注每一位教师的专业成长；

让每一位教师参加一个以上学习型组织；

让每一位教师参加一个艺体团队；

给每一位教师提供培训、进修、学习的机会；

让每一位教师每年参加一次全面的体检；

让每一位教师上班期间吃到放心的、科学搭配的饭菜；

让任何一位积极工作且为学校发展做出贡献的教师不吃亏。

把学校建成教师施展才华的舞台，成就事业的殿堂，心灵栖息的居所，幸福生活的家园。

2. 努力助推每一个孩子的成长

每一个孩子都有导师；

每一个孩子都将在合作学习小组中发展；

每一个孩子都有担任学生干部的经历与体验；

每一个孩子都必须参加一个以上社团活动；

每一个学生都要培养一门体育特长；

每一个学生都要培养一门艺术特长；

每一个学生每一个学年至少参加一次游学活动；

每一个孩子都必须在一个学期内上一次以上宣传窗；

不给孩子成绩排名，实行多元评价、过程激励评价；

每一个学生不需要参加任何校外的学科辅导班。

把学校建成孩子向往的殿堂，健康成长的乐园，兴趣盎然的家园，素质培养的圣地，为国育才的摇篮。

把健康教育作为学校的首要工作；

学校定期开办健康教育讲堂；

把健康教育作为评价班主任工作的首要工作；

配备足额的体育教师，开足开齐体育课程；

开设大量的体育选修课程，激发孩子对体育的兴趣，让每个孩子拥有一门体育特长；

配齐心理学教师，建立多功能心理咨询室，加强心理辅导，促心理健康；

每期开展健康素质测试，加强过程监管，以评促教，强化体育健康教育；

学段毕业时，要经历体育特长测试，拿到学校颁发的体育特长证书才予以毕业。

通过有计划、有组织、成系统的学校教育活动，使孩子们自觉地选择有益于健康的行为和生活方式，消除或减轻影响健康的危险因素，预防疾病，促进健康，提高生活质量。健康教育的核心是教育孩子树立健康意识，促使孩子改变不健康的行为生活方式，养成良好的行为生活方式。通过健康教育，帮助孩子了解哪些行为是影响健康的，并能自觉地选择有益于健康的行为生活方式，以促进孩子健康可持续发展。

三、健康教育需要组织保证

健康教育的源头在学校，一个人的生活方式与他（她）所经历的学校教育息息相关，每一所学校、每一位校长、每一位教师都应该积极行动起来，为健康教育献计献策，为健康教育贡献力量。

健康教育作为学校教育一项十分重要的工作，从学校层面必须加强管理与领导，建立科学管理的体系，促使健康教育有计划、讲科学，全面、系统、整体推进。为此，我校专门成立"体育与健康教育中心"。学校健康教育走向一条有组织、有策划、有创新、有特色的发展之路：

加强顶层设计，系统策划学校的健康工作；

学校的健康教育和健康促进工作有机结合，通过健康教育促进师生的身心健康；

开展一系列健康促进活动，在活动中体验，在体验中健康发展；

健康教育促进学校教育的发展，学校开发了健康教育的教材读本，让健康教育走向专业发展之路。

四、健康教育需要战略规划

体育是学校教育的重要组成部分。要从战略的角度认识健康教育的重要意义，从战略的高度规划健康教育的行动计划，让健康教育走向一条优质、高效的发展之路，学校特别制定了体育与健康教育发展战略。

随着学校魅力教育的不断深入，社会对学校体育工作的要求越来越高，必须把学生的健康成长放在第一位。体育对于发展学生的核心素养起到不可替代的作用。由于升学压力，学生进行体育锻炼的时间明显不足，部分学生还没有养成坚持锻炼的良好习惯，重视程度也远远不够。因此，学校的体育工作要做出长远规划，倡导初、高中毕业生每人至少要掌握一项体育特长；制定学校体育项目考核标准和方案，使学生体质健康测试成绩达到全区前列；加强体育魅力课堂建设，每年推出体育魅力课堂展示课，使体育整体教学水平得到明显提升；培养教师体育锻炼的习惯，培养教师掌握一项体育技能，不断提高教师的健康水平。

我们以发展校园足球为突破口，带动学校体育工作整体推进，足球队力争达到海淀区前十名水平；继续加强体育运动队建设，注重学校体育品牌建设，发挥小初高办学优势，把游泳、定向越野和足球三个项目，建成海淀区的品牌项目；丰富体育课程，丰厚健康教育系列活动，促进个性体育发展，引领每一个孩子健康成长；把学校的体育节和课间体育，打造成北京市乃至全国有影响力的学校体育示范活动。

要不断强化学生健康素养理念，研究开展学生健康素养的监测工作，及时了解各个阶段学生健康素养的状况，有效地进行干预。注重在过程中夯实健康教育的基础，在监测中促进行为的改变，进而实现教育理念的转变，将健康教育带进良性循环、可持续发展的创新道路上。

要特别凸显全员体育运动，提升对体育运动的价值与意义的认识，推进体育运动轰轰烈烈地开展。

生命是体育的起点，体育是生命的支点。人的生命是一种双重意义的存在：一重是自然生命，必然要追求自然生命的维持；另一重是精神的生命，即通过自身的努力不断去提升生命存在的价值，进而追求生命存在的意义。所以我们说一个健康的生命不仅仅是没有疾病，而是身体、智力、情感、意志力和精神审美境界等多方面生理和心理状态的综合体现。健康的个体应具备理解生活基本目的的能力，具有坚定的意志力和崇高的精神境界，并能够树立良好的生命价值观，这是理解生命、不断追寻生命意义的表现，也是个体健康的最高层次。

体育不仅是一种身体运动，更是一种教育的手段，一种生活方式，一种精神依托，一种财富载体，一种交往的平台，无论是在延展自然生命还是在丰富精神生命的过程中，都发挥着不可替代的作用。毛泽东主席在《体育之研究》中说，体育之效在于强筋骨、增知识、调感情、强意志，把体育功能价值说得淋漓尽致。

运动延伸生命的长度。体育作为以身体运动为基本手段，促进人的身心发展的文化活动，在预防疾病、改善生活方式方面发挥着重要的作用，而且是不可替代的作用。它应该在卫生医疗的最前沿去站岗放哨，使人们还没有生病的时候就要注意通过全体健身来防病。世界医学权威杂志《柳叶刀》发表了一项研究结果：如果每个人每天只运动 15 分钟，可降低总死亡率 14%，癌症死亡率 10%，心血管疾病死亡率 20%，延长寿命至少三年，运动对心理健康同样具有促进作用。（摘自 2017 年 12 月 22 日《人民政协报》中的《让

健康教育在学校"动起来"》一文）

运动拓展生命的广度。体育作为健身强心益智的运动，可提升人的智商情商，从而创造精彩人生。美国伊里诺易大学的一项研究报告表明，不管年龄大小，强健而活跃的身体，对培养强健而活跃的头脑至关重要。大量的研究表明，婴幼儿从事运动，不仅对机体发育有良好的促进作用，对他们的大脑机能的提高和智力的发展也有重要的意义。西班牙运动医学协会主席说过，一个人14岁以前不进行适当的锻炼，就会影响正常的生长。如果这个阶段只有智育，而没有体育，一个青年的潜力永远只能开发50%。

运动增加生命的深度。生命的深度在于去探索和寻找真理的意义，让有限的生命爆发出难以置信的力量。体育运动不仅能增强体质，同时具有完善身体、发展身体、修炼人生、健康心灵、健全人格、提高社会适应能力等若干功能。运动强调刚毅执著，要顽强抗争，要富有挑战征服和冒险牺牲的精神，有利于拼搏精神的培养。运动还要求遵守规则，追求自由、开放、诚信、创新的意识，有利于公平竞争精神的培养。体育运动中展现的热爱、探索、执著、坚持，都在激励着人的生命的再次突破和不断创造，去探索和追求生命的意义。我们常说生命在于运动，它道出了生命与体育运动的关系，需要我们不断探索，挖掘其中的深意，思考体育为健康、为生命、为培养我们的下一代，能做些什么。

体育与健康教育战略的制定与实施，带来了体育与健康教育的新气象，不仅提升了体育与健康教育的意识，更重要的是在运动场上、比赛场上、体育课上、课间运动中，能够看到师生快乐运动的身影。运动课程异彩纷呈，体育运动蓬勃发展，激发了师生的精气神，促进了师生健康素养的快速提升，也推进了办学水平的整体跃进。

五、健康教育需要课程实施

在学校层面如何使健康中国战略落地生根、开花结果？

健康中国战略在学校里要通过健康教育来实施。课程是育人的心脏。学校依托十五年一贯制的办学优势，从实际出发，基于国家课程标准，高于国家课程标准，以学生的幸福发展为纲，立足提升学生的核心素养和关键能力，整合国家课程、地方课程与校本课程，涵盖基础课程、拓展课程、探究课程、融通课程、综合实践课程、特色课程等多元课程类型，丰富基于云平台的网上选修课程，建构具有世界水平的课程，形成优质多元、开放共享、个性选择、分类分层的课程结构。学校建构最适合学生发展的十五年一贯制魅力健康课程体系，实现国家课程校本化、地方课程校本化、校本课程特色化、课程资源优合化，实现课程体系的横向融合与纵向贯通，创造更加适合学生发展的课程，不断提高学生的创新学习能力、团队协作能力、实践调研能力、难题解决能力、讨论沟通能力和自我发展能力，培养学生的创新思维和综合能力，提升学生的多元智能与优异成绩。学校推进课程"整体育人"，使学生人人成才、尽展其才，从而实现全科育人、全程育人、全员育人和实践育人，为我国基础教育综合改革提供成功的课改实例，培养具有国际竞争力的创新人才。

课程是实施教育的载体，课程质量的科学性决定孩子发展的健康性；课程质量的丰富性决定了孩子发展的多样性；课程质量的高低决定教育质量的好坏。健康教育课程一定要在科学性、丰富性、质量上做文章，让健康教育课程成为推动学生健康成长的强大动力。

健康素养就是指我们个人获取健康知识来改变行为、促进健康的能力。把教育和健康作为一个抓手，让它进入课堂，这是一个非常好的落实措施，而且也是一个非常有效的措施。小时候养成的习惯，可能要受用终身，一辈子都会对我们有影响。

提高健康素养要从儿童抓起，通过有计划、有组织、成系统的教育活动，促使孩子选择有利于健康的行为方式与生活方式，积极参加体育锻炼、社团活动，增强身心素质，注重提升健康素养。促进孩子健康成长，这是教育者的首要责任，也是教育者的历史使命！

加强健康教育，不仅是现在进行式，也将是未来进行式，健康教育永远在路上！

点燃学生社会责任感的火焰

社会责任感是指社会成员基于对自身利益与社会利益的关切所形成的自觉为社会尽责的意识，以及在这种意识支配下产生的经常性行为动机。责任感是生命的自觉，是自己内心的觉醒，是创造自我未来的法宝。苏格拉底强调"每个学生身上都有太阳，教育应是能把学生内心太阳释放出来的努力"，这种努力的最有效方法"不是教给他什么，而是教会他如何去思考"，这种努力的最高境界"不是灌输，而是点燃火焰"。那如何通过点燃社会责任感的火焰来达到这种教育境界呢？我校创新开展魅力德育系列主题周活动，诸如"天下兴亡，我的责任""学校发展，我的责任""班级荣辱，我的责任""个人成长，我的责任"。通过系列主题教育活动，强化对于责任感的思想认知与内心觉醒，点燃了师生社会责任感的火焰，为成长为有强烈社会责任感的未来公民打下坚实基础。

一、"国家兴亡，我的责任"

开展为期一周的"国家兴亡，我的责任"主题教育活动，精心策划活动课程，加强爱国主义教育，让每一位师生树立主人翁意识，自觉承担起建设国家的使命，把个人的奋斗与祖国的发展有机结合，把个人的生命融进伟大复兴中国梦的滚滚洪流之中，为把我国建成富强、民主、文明、和谐、美丽的社会主义现代化强国贡献自己最大的力量。

1.开展"国家兴亡,我的责任"为主题的宣传活动

利用学校网络、微信群、滚动屏、班级宣传板报、学校宣传窗等开展舆论引导,强化对国家的认同教育与责任使命教育。

全球化时代,我们如何进行国家认同教育?国家认同是指个人确认自己属于哪一个国家以及对这个国家产生归属感、依恋感的心理过程,是一个国家的成员对所属国家的文化传统、历史、主权、制度、政治主张、价值观念、理想信念等认同认可而产生的归属感。国家认同的维度主要包括:政治认同、历史认同、文化认同、语言认同。政治认同是国家认同的关键,文化认同是国家认同的核心,历史认同是国家认同的根基,语言认同是国家认同的基础。

国家认同不是与生俱来的感情,需要构建。国家的认同教育渗透在多个领域之中。通过思想政治教育,培育爱党、爱国、爱人民的情怀,增强政治认同;通过传统文化教育,开设大量传统文化选修课程,增强文化认同;通过历史教育,开设中华历史讲座,树立对中华历史的敬畏,增强历史认同;通过母语教育,写好中国字,说好中国话,增强语言认同。

如何增强国家认同教育的感染力?使用说服教育法、问题讨论法,增强理论的说服力。运用榜样示范法、案例教学法,唤醒国民精神。运用实践锻炼法,通过切身感受形成国家认同。

面对现代社会发展的新特征,我们必须调整和重构我们的国家认同教育:

(1)在全球化和价值观竞争的情况下,只有先进的价值理念才更具有感召力、吸引力和竞争力。

(2)必须把国家认同教育放在构建公民共性的基础上,而不是单纯地构建族群认同。

(3)认同是一种自觉而持久的感情,国家认同不可能通过强迫获得,只能依靠自觉意识和公民参与发展而来。

(4)必须改进和完善公民教育。

"国家兴亡,我的责任"为主题的宣传活动,强化了对中国国民身份的

高度认同，激发了我们为自己是中国人而感到自豪的情感，激活了为建成社会主义现代化强国发奋读书的奋斗精神。

2. 开展"国家兴亡，我的责任"为主题的升旗活动

在今天以国家为基本构成单位的国际社会中，国旗是一个国家最鲜明的标志，显示着一个国家的个性和尊严。在不同的场合，国旗有不同的意义。在战争中，国旗就是战旗，两军对垒斩将夺旗是战场的常态。但在奥运会上，国旗则是和平的使者、友谊的象征。五星红旗是中华人民共和国的标志和象征。祖国的利益高于一切，培养学生的爱国主义情操、责任担当，升旗仪式具有十分重要的意义。

下面是学生在升旗仪式上的讲话：

同学们，老师们：

大家好！

今天我国旗下讲话的题目是"国家兴亡，我的责任"，肯定有人在想，为什么不是匹夫有责呢？我想说，匹夫指向大家，而我的责任，要落实到自己身上，"天下兴亡，我的责任"。人人都有这个思想，我们的国家会更加强大。

习近平总书记在参观"复兴之路"大型展览时说："每个人都有理想和追求，都有自己的梦想。现在，大家都在讨论中国梦，我以为实现中华民族伟大复兴，就是中华民族近代以来最伟大的梦想。历史告诉我们，每个人的前途命运都与国家和民族的前途命运紧密相连。国家好，民族好，大家才会好。"所以，我们每个中国人，都应承担起中华民族伟大复兴的责任。如果人人都觉得，"学校有垃圾，我的责任""班级卫生，我的责任""国家不强盛，我的责任"……人人都能主动负责，天下哪有不团结的团体？哪有不兴盛的国家？所以说，身为公民都应该主动承担，将责任揽到自己身上，而不是推出去。

也许有人觉得，今天班级卫生不是我值日，我还要打扫卫生，这也太吃亏了。而我想说，吃亏就是占便宜，每个人心里都有一杆秤，都会看到你做的。这种观念要牢牢记在心里，我们每个中国人都要记住。

我们还要有从小事做起的观念。集小恶则成大恶，集小善则为大善。培

养良好的道德，不妨从尊敬老师开始，从那很小很小的事开始。良好的道德是慢慢培养起来的，而不专门找到大事才干。比如，完成班级的一次板报，收一次作业，我们都要认真做好！

国家培养一名学生，是要付出很多金钱和心血的，我们现在对国家有什么贡献呢？我们要将爱国化作点滴行动，关心同学就是爱国，主动承担运动会的志愿者工作就是爱国，维护学校就是爱国。国家也在期盼着你的贡献，让我们尽自己所能，用行动和能力来报答祖国！

我们是国家的主人，所以每个人都对国家有义不容辞的责任。对国家的责任，是人生中最崇高的一种责任！

同学们，让我们以天下兴亡为己任，以强烈的责任感，共同实现伟大的中国梦！

一次升旗，一次有意义的主题教育活动，燃起了爱国的火焰，激荡起奋斗的涟漪，强化了身为国民的使命感与责任感，也点燃了师生成长的激情，助推师生更好发展，努力为实现伟大复兴的中国梦贡献自己的力量。

3. 开展"国家兴亡，我的责任"为主题的班会教育

中学部从初一到高三每一个年级都围绕"国家兴亡，我的责任"这一主题，依据学生的年龄特点有创造性地策划主题班会，班主任共同备课、年级学生会积极参与，每一个年级的主题班会都是师生汗水与智慧的结晶。班会现场都是学生唱主角，学生积极参与，通过视频故事与成长体验带来心灵震撼，激发实现民族复兴与国家强盛是我们的责任的担当精神，树立为实现伟大复兴的中国梦而读书的雄心壮志。

4. 开展"国家兴亡，我的责任"为主题的导师谈心活动

我校每位干部、教师均担任导师工作，每位导师带 6~12 名导生，开展价值观引导、学生心理疏导、学习方法指导、思想动力激活等系列教育活动。导师围绕"国家兴亡，我的责任"这一主题，依据导生的各自特点，有

创造性地开展有效对话交流活动。导师的工作有声有色，细腻入微，感人至深。导生深感国家的使命就是自己应该扛起的责任，触动了心灵，明确了目标，激发了斗志，增加了前进的动能。

开展"国家兴亡，我的责任"主题周系列活动，激发了师生强烈的爱国情感，增强了对中华民族的自豪感与使命感，激活了师生的成长动力，强化了为实现社会主义现代化强国而不懈奋斗的担当精神。

二、"学校发展，我的责任"

在"国家兴亡，我的责任"主题教育周活动的基础上，推进"学校发展，我的责任"为主题的教育周活动，科学策划活动课程，继续点燃学生的责任感，让学生成为学校发展的主人，实现学校与师生共成长。

1. 开展"学校发展，我的责任"为主题的宣传活动

通过学校宣传窗、电视屏、网站、板报等积极宣传学校的办学历史与优秀文化，特别是学习与弘扬学校创始人、著名教育家熊希龄先生的优秀思想与感人事迹，展示学校的办学成果与历史成就，全面宣传学校今天的办学理念与核心文化、未来五年发展的十五大战略、魅力教育的系统思想、学校的办学理想、教育改革的创新探索等。同时积极宣传为学校今日发展做出贡献的魅力党员、魅力教师、魅力班主任、魅力员工、魅力学生，激励每一位北实人努力成为学校发展的主人，承担起今日学校发展的历史责任，努力创造适合每一个孩子发展的最好教育，为孩子拥有最好的未来奠基。

2. 开展"学校发展，我的责任"为主题的升旗活动

升旗仪式是十分庄严、神圣的爱国主义教育活动，是培育学生爱国主义激情，激发内心力量，强化责任担当的重要仪式。在升旗仪式上开展"学校发展，我的责任"为主题的教育活动，把爱国主义教育与爱校教育结合起来，努力让师生成长为国家的主人、学校的主人。

下面是学生在升旗仪式上的讲话：

百年辉煌，我们不停创新。

脚踏实地，我们不懈坚持。

日新月异，我们勤奋学习。

蓬勃发展，我们不断进步。

北实啊，你有百年的历史，你有崭新的容貌。

我们在北实努力学习，收获喜悦；

我们在北实快乐生活，共同成长。

既是北实人，我们便要担负起肩上的责任，将我们可爱、美丽的校园建设得欣欣向荣。

老师们谆谆教导，让我们懂得了如何追求，如何超越，如何有理想。

北实的发展怎能不是我们的责任？让我们一起努力学习，为北实描绘一幅最美的蓝图。

责任对于国家领导人来说，就是维护国家利益，做到双赢。

责任对于战士来说，就是保卫边疆。

责任对于老师来说，就是用知识和道德观浇灌学生。

责任对于学生来说，就是做好每一件小事。

责任存在于学校的每一个角落，体现在学校的每一位同学身上，我们要勇于承担我们的责任，尽应尽的义务。

责任应体现在我们的一言一行之中，一举一动之中，一个个细小的习惯之中。

学校的环境卫生，学校的文化建设，学校的发展与学校的未来，哪一项不与责任相连，哪一项不与责任相关？

我自豪，我是北实人，但令我更自豪的是，北实的发展前景有我的付出。让我们铭记：学校发展，我的责任！

这次升旗活动，点燃了师生学校主人翁精神的火焰，强化了每一位师生为学校发展努力奋斗的责任感与使命感，也凸显了北实人的理想、信念与追求。全体师生为北实优秀的历史感到自豪，对北实的明天充满信心，决心为建成魅力教育下的普适品牌而努力奋斗，为中国现代化教育事业做出我们应有的最大贡献。

3. 开展"学校发展，我的责任"为主题的班会教育

各学部领导、各年级领导、各位班主任都认真参与了以"学校发展，我的责任"为主题的班会设计活动，要求师生全体参与、形式多样、内涵丰富、生动活泼、启迪思考、激发动力、促进发展，每一个人都要为学校发展奉献汗水、贡献智慧，每一个人都要用自身的发展来助推学校的发展。同时，学校的发展也给每一位师生带来更多发展机遇和更好的发展条件。

这次主题班会呈现出新特点：一是师生积极性高涨，师生参与率近100%；二是各班特色鲜明，合而不同，各美其美；三是既立意深远，又脚踏实地，既憧憬理想，又大干当前；四是激活动力、跃跃欲试，既表思想决心，又述行动计划。这次主题班会凝心聚力、提振精神，大家意气风发，共谋发展。学校是大家的家，咱们齐心建设它，已成为全体北实人的共识。集体的力量是无穷的，师生共同奋斗，北实的明天一定会更美好！

4. 开展"学校发展，我的责任"为主题的导师谈心活动

导师与导生交流谈心的主题围绕"学校发展，我的责任"来展开。设计的主要内容有：我为学校自豪、我为学校献智慧、我为学校做贡献、我做北实代言人、我做文明北实人等。导师与导生的对话交流，增进了对学校历史与文化的了解与认知，强化了爱校如家的责任担当，提振了主人翁精神，促进了师生关系的和谐，也推动了师生更好成长。

开展"学校发展，我的责任"主题教育周活动，全体师生增强了对学校历史、办学成就、学校理念、教育追求的理解与认可，有了强烈的集体荣誉感，树立起共同的办学追求与教育理想，激发了主人翁精神，凝聚起师生巨大的精神力量，大家齐心协力、凝心聚力，决心发扬"勇于担当、善于超越"的北实精神，为把北实建设成中国基础教育普适新品牌而努力奋斗！

三、"班级荣辱，我的责任"

一个人的责任感需要不断地强化与深入，要让责任感渗透到师生的骨髓里、灵魂中。继续推进"班级荣誉，我的责任"主题教育周活动，将责任感的火焰不断燃烧，放出光彩。

1. 开展"班级荣辱，我的责任"为主题的宣传活动

各班从班名、班歌、班花、班级 logo、班训、班规、班级精神等方面建设班级文化，推动建设一个有文化、有特色的班集体。学校给每一个班提供宣传窗，积极宣传展示每一个班级的文化，介绍班级的每一个合作学习小组，凸显每一个班级的理想与目标、发展与进步。每个班级旁边的柜贴展示班级每一个孩子的座右铭与理想追求。强化集体主义教育，让每一个孩子的生命都融进班集体里。班级是学生共同的家园，学生们共同守护并建设它。

2. 开展"班级荣辱，我的责任"为主题的升旗活动

将升旗活动作为德育的重要载体，凸显升旗活动的价值与意义。开展"班级荣辱，我的责任"为主题的升旗活动，将爱国主义教育与爱班教育和谐结合，培育班级主人翁精神，创建一个文明、和谐、优秀的班集体。

下面是学生在升旗仪式上的讲话：

尊敬的老师，亲爱的同学们：

大家好！

古人云："天下兴亡，匹夫有责。"大到国家，小到家庭，我们无时无刻不肩负着各种责任。今天我想和大家谈谈被许多人淡忘，却又最重要、最宝贵的责任。

一位美国证券界风云人物心存遗憾地说："如果能够让我重新选择，我会毫不犹豫地选择音乐。但我知道那是不可能实现的，所以我必须把手头的工作做好。因为我在那个位置上，那里有我应尽的职责，我必须认真对待。

这不仅是对工作负责，也是对自己负责。"

"在其位，谋其政，尽其责，成其事"。在生活中，因为种种原因，我们常常被安排担任自己并不擅长的职务，一时又无法更改。这时，任何的抱怨、消极、懈怠，都是不可取的。唯有把那份工作当成一种不可推卸的责任担在肩头，全身心地投入其中，才是对自己的负责、对班级的负责。

我们班就有许多任劳任怨，默默为班级付出的同学。他们都在为班级尽自己的一份责任。班长栗嘉鹏同学是校游泳队的一员，他在学习和训练之余仍为班级大小事务而忙碌，还承担了班级多个工作组的职务，用他宽厚的肩膀担起了班级的责任，撑起了四班的一片天；三个卫生委员同学肩负起放学后检查班级值日的责任，他们从不放过任何一个角落，尽自己的努力为同学们创造一个干净、整洁的学习环境。

关于责任，往大了说要对社会负责，往小了说要对班集体、对个人负责。作为班级的一分子，我们应该按时交作业，不迟到不早退，认真做眼保健操，不乱扔垃圾，主动关灯和空调，热心帮助需要帮助的同学，并做好分内的工作，共同维护班级和学校的荣誉。这是一些微不足道的小事，却能体现出一个人对班集体的责任心。从踏入这个班级开始，我们每天呼吸着她馥郁的芬芳，采撷着知识的花粉，就要承担相应的责任。我们要做对班级，对学校负责的北实人，负起自己的责任，为班级增光，为北实添彩！

这次以"班级荣辱，我的责任"为主题的升旗活动，强化了班集体的概念，班集体的每一位成员对班集体都负有责任与使命。班集体是一个管理的实体，是培养集体主义精神，激发责任意识的重要平台。学校高度重视班集体建设，注重班主任队伍的培养，走向班主任工作专业化，努力把班集体的每一位成员培养成班级发展的主人。这对于培养孩子的责任感，助推孩子的全面成长，也具有十分重要的意义。

3. 开展"班级荣辱，我的责任"为主题的班会教育

每个学部、年级、班级都认真策划"班级荣辱，我的责任"为主题的各

具特色的班会，学校各班的主题班会精彩纷呈。比如：人的一生会追寻许多东西，包括学业、家庭、事业，等等。而今天我们需要追寻的，是被许多人淡忘，却又最重要、最宝贵的责任。做个有责任心的人，为班级发展做贡献。生命的美需要我们去寻找、去发现，在我们的生活中你发现了哪些富有责任感的感人故事呢？究竟怎样才能做一个有责任心的人、对班集体负责的人？请同学们讨论交流……同学们纷纷上台讲感人故事，比如：不乱扔垃圾，班干部模范履行自己的职责，同学模范遵守校纪校规、班级班规，主动维护班集体荣誉，高标准擦好黑板、打扫教室卫生，同学之间文明相处、相互关爱，学习主动积极等。这些微不足道的小事，却能体现出一个人可贵的责任心，折射出一个人闪光的心灵。

"班级荣辱，我的责任"主题班会，对孩子们是一次精神的洗礼。一个人有了责任心，就有了至高无上的灵魂。一个人有了责任心，在别人的心中就如同一座高山，不可逾越，不可移动。同样，一个有责任心的世界更精彩、更迷人。

4. 开展"班级荣辱，我的责任"为主题的导师谈心活动

责任意识是当今社会最重要的公民意识之一，"做有责任感的人"是现代人最应具备的基本素质。承担自己的责任是每个人做人的最基本的行为准则。希望通过开展责任教育，增强学生的责任意识，养成负责任的习惯，使学生懂得要对自己、对他人、对家庭、对集体、对学校负责，最终实现对自己的言行负责，对自己的终身发展负责的目标，把自己的言行与班级的荣辱、班风紧密联系，为班集体争光，做到团结友爱，和谐相处，助人为乐，诚实守信。导师们注意对学生进行主题教育的渗透，让学生感觉到老师的教诲时时入耳，常常入心。

"班级荣辱，我的责任"主题教育周活动，培育了集体主义精神，激发了师生的班集体主人翁意识，明确了班级荣辱是每位师生的责任，每位师生要努力为班级发展贡献力量。

四、"个人成长，我的责任"

责任感的形成并不是一劳永逸的，需要持续的创新培育，责任感的教育要落地有声，开花结果。"个人成长，我的责任"主题教育周活动，努力将责任感教育继续推向深入，将个人责任感努力转化为个人的责任行为，助推师生更快成长。

1. 开展"个人成长，我的责任"为主题的宣传活动

学校宣传窗重点报道来学校"魅力讲坛"作报告的名家学者的成长足迹，青年歌唱家刘和刚、青年舞蹈家黄豆豆、奥运冠军赵宏博夫妇、神舟号飞船首任总设计师戚发轫、著名节目主持人敬一丹、外交部前部长李肇星等优秀人物在学生时代的责任担当精神与成长中的鲜活故事，深深感动了每一位学生，给他们树立了榜样，引导师生走好人生每一步，健康持续成长。

班级宣传窗介绍班级中履行责任的模范，从多元激励出发，对优秀干部、助人榜样、志愿者先锋、文明之星、卫生之星、宣传之星、艺术之星、学习之星、体育之星、进步之星、善孝之星等上榜表扬，营造激励文化，强化责任意识，用心发现孩子的优点，促进孩子主动、健康、积极成长。

学校网站，学校、学部微信群，对有强烈责任感、主动积极为班级服务的魅力班主任、魅力学生进行报道宣传，树立标杆、默默感染、促进发展。

"个人成长，我的责任"为主题的宣传活动，营造了有效的舆论氛围，彰显了责任之星的优秀品质，张扬了先进的价值文化，强化了成长中的责任意识，促进了班级建设的健康发展。

2. 开展"个人成长，我的责任"为主题的升旗活动

每次升旗活动都是一次震撼心灵的教育，激发起强烈的爱国主义精神。开展"个人成长，我的责任"为主题的升旗活动，将国家的发展与个人的成长有机结合，将爱国与爱己有机统一，将国家责任与个人责任相连接。国家好，个人才会好；个人好，国家才会更好。

升旗仪式主持人讲话如下：

尊敬的各位老师、亲爱的同学们：

大家上午好！

北京实验学校"个人成长，我的责任"主题升旗仪式，现在开始！

成长是每个人经历的蜕变，我们从小到大，成长，明理。成长是岁月玩的奇妙游戏，我们不知不觉，成长，懂事。成长赋予我们责任心。一个人有了责任心，就拥有了至高无上的灵魂。个人有了责任心，在别人心中就如同一座高山，不可逾越，不可移动。人生的成长过程就是一个战胜自我的过程，让我们甩掉幼稚无知，克服自卑胆怯，战胜懒惰马虎，乘风破浪，勇敢向前，用手中的笔去谱写人生新的乐章。

升旗仪式是一种有效的爱国主义教育，全校师生参加的周一升旗仪式是一次非常有意义的德育活动。"个人成长，我的责任"主题升旗仪式，强化个人成长的责任意识，引发了师生对成长责任的全面思考，促进了师生的主动成长。

3. 开展"个人成长，我的责任"为主题的班会教育

全校开展了"个人成长，我的责任"主题班会的精心策划与设计，创造适合各学部、各年级、各班级的主题班会教育活动，树立责任意识，助推个人成长。

引导学生"管理我的梦想"，创造适合学生发展的教育，培养责任意识和感恩情怀。引导学生进行职业与人生规划，给梦想装上发动机。

班会是通往梦想路上的加油站，尽情表达你对他们的期待。学生体会到你的爱，你的认真，你的坚持，你对他们的真切希望，会感到一种温暖和力量。要注重过程中的不断激励。

让责任拥有神圣的领地，给他（她）一份担当。如果班上的每个人都有一份实实在在的责任担当，那么每个人就有了展示自己的领地。面对学生成长中的问题，教师不应该只是批评，而应不定性地指导学生分析原因，让他们自己找出解决的办法，自己反思或者同伴互助。

"个人成长，我的责任"主题班会开展得有声有色，个人的梦想被唤醒，个人的动力被激活，个人的责任感被激发，大家激情澎湃、跃跃欲试，对未来充满信心，能量满满、愉悦前行！

4. 开展"个人成长，我的责任"为主题的导师谈心活动

导师以"个人成长，我的责任"为主题，开展师生谈心活动，进一步助推每一个学生责任感的落实、行为的改变，让每一位导师对自己的工作负起责任，让每一个孩子对自己的成长负起责任。

导师围绕下列话题展开积极的心灵对话：

（1）决定了就去做！请别在最该奋斗的年龄选择安逸，因为安逸是成长的大敌！

（2）没有任何才能不需要后天的锻炼。水无积无辽阔，人不养不成才。

（3）再懒惰的马，只要身上有马蝇叮咬，它也会精神抖擞。有正确的刺激，才会有正确的反应。

（4）成功人士不会等待外界的影响来决定自己的命运，而是始终向前看。只想随波逐流，难达理想彼岸。

（5）一个人若身处隧道，他看到的就是前后非常狭窄的视野。视野不宽，脚下的路愈走愈窄。

（6）每一个出口都是另一处的入口。上一个目标是下一个目标的基础，下一个目标是上一个目标的延续。

师生的对话在坦诚、真挚、友善的氛围中进行，对话既改善了师生关系，又强化了师生责任感，更促进了师生更好地发展。

叶圣陶先生说：教育的真谛，在于孩子习惯的培养。可我却要说：教育的真谛，在于促进孩子心灵的成长。成功的秘诀就是强烈责任感推动下的不懈努力，努力改变自己的性格，改变自己的行为，牢固树立自己的担当精神，在奋斗中超越，在超越中创新，在创新中豪迈前行！

在快乐学习中成长

　　我们的教育一定要尊重儿童独特的生命价值，要敬畏儿童生命的每一步成长，要留给儿童美好的生活回味，激发起他们对未来生活的向往与热爱，为这个社会的和谐培育文明幸福的人，让每个人都能快乐幸福地度过自己的一生。教育是一首绵延不断的长歌，每一个小小的休止符号都预示着下一段美妙音乐的开启。教育从来都不应该是追逐名利的场，教育理应是专注育人成就幸福的田。人生的各个阶段皆有其自身不可取代的价值，尤其是儿童期。儿童阶段是身心生长最重要的阶段，也应是人生中最快乐幸福的时光，教育所能成就的最大功德是给孩子一个快乐而有意义的童年，以此为他们幸福而有意义的一生创造良好的基础。然而，今天的普遍情形是，整个成人世界纷纷把自己渺小的功利目标强加给孩子，驱赶他们到功利战场上拼搏。而实际上，在若干年后的社会中，童年价值被野蛮剥夺的恶果就会以可怕的方式显现出来。

　　童年时代的教育方式、情感体验、内心感受、成长经历，对孩子一生起着决定性的影响。要敬重每一个生命个体，要尊重其自然发展的规律，要唤起对生命的热爱，促进孩子快乐、健康、持续、个性成长，为孩子幸福的一生打下坚实基础。学习是学生时代的主要任务，对待学习究竟应该树立什么样的理念呢？我认为要树立起快乐的理念。真正的学习是快乐的，学会了知识，有成就感，是非常快乐的。知识本身也是有魅力的，学习本身的过程也应该是快乐的。如果觉得不快乐了，没有效果了，学习也就该停了。快乐学习往往使认知与情感融为一体。快乐学习不仅让人精神愉悦，还会提升学习的效果。如果一个人把学习当成一件苦差事，是不可能学好知识的。学习要遵循人类这样一种趋势：人类总是不断追求着快乐，避免痛苦。所以我们要提倡快乐学习。在学习过程中效果好的时候，也就是内心愉快的时候，你感到不愉快，效果也就不行了。我们要重视培养学生的学习兴趣。什么是学习兴趣呢？他很愿意探索事物、探索知识，在此过程中伴随着非常愉快的心理感受。学习兴趣产生的时候，津津有味，你叫他不学习，他不干。学习是快乐的，使他产生兴趣，兴趣又促进学习快乐的提升，进而产生良性循环。如果一个学生感到学得苦、累，就学不下去了，就不感兴趣了，学习也就无法有效进行。提倡快乐学习、重视学习兴趣的培养，不仅要成为教师的教学理念与教育行为，更要成为广大家长的教育观念与创新行动。

教育追求的终极性价值就是幸福。我们知道，朱永新先生发起的新教育实验，其核心理念就是：帮助师生过一种幸福完整的教育生活。幸福，是目的和方向；完整，是质量标准。教育的目的，不是成功，而是幸福；教育的质量，不是分数，而是成长，是身心脑的和谐发展，是学习性质量、发展性质量和生命性质量的整体提升。快乐是幸福的心灵体验，是幸福的前提，也是创建幸福的基石，幸福是快乐不断积累的必然结果。改变思考的方式，提倡快乐学习，让孩子们理解快乐学习的内在价值，享受在快乐学习中的健康成长。

一、学习使人从无知走向博学

大千世界无奇不有，任何一个人所知道的知识远远小于他所不知道的知识，这不是谦虚，而是实事求是。人类在好奇心的驱使下总想去探求未知世界的奥秘，只有不断地学习，才能更好地了解这个世界、明白更多的人生道理。每个人来到这个世界上，随着不断地学习，从无知走向博学，能力得到不断提升，工作与生活更加充实与快乐。

博学，即广泛而深入地学习。作为学生来讲，就应当不论文理，广泛学习，增加阅读量，全面地提升创新能力、人文底蕴、品德修养。可说起来容易做起来难，真正的博学，需要长久的努力和坚持，经过时间的沉淀，才会发酵出浓郁的香气。

博学，是一种对生活的态度。要做到博学，就要自律地努力。年少青春，时光如金，没有多余的时间让我们挥霍。很多人看到自己的缺点，反思数日，制订严格周密的计划，下决心改掉，热情洋溢，实际行动中却处处妥协，被逼入绝境，徘徊在他人的压力和自己的失望的崖边，最终一无所获，同往常一般。这样是绝不可能有任何进步的。当我们能控制好我们的时间，约束好自己的行为时，课业学习会一步步稳扎稳打，不断进步，自己的兴趣爱好也会得到发展，身心放松，思想也会活跃。一点点地努力，我们看到自己的成绩，不由得会眉头舒展、清朗一笑，对自己有更强的信心，进入生活学习的佳境，带来真正的自由。日积月累，自然博学。

博学，就意味着热爱生活。世界如此多姿多彩，它的美丽可以属于每一个人。有些时候，我们会因为对生活的不满而怨天尤人，哪怕风采万千，也看作黑白底片，丧失斗志和信心。我们热爱生活，保持着对新的一天的好奇心，微笑欢迎每一个人。这样做，每一件事便有了独特的意义，你的内心便不允许你草草敷衍了事，自然而然就会认真对待，尽可能发掘知识，乐在其中。东汉王充，自幼好学，以读书为乐，他每天在洛阳书店里站着读书，年复一年苦学不辍，《汉书·艺文志》上所列的六艺、诸子、诗赋、生命书、术数、方技等共一万余卷，只要当时存世的，他几乎全读过，"遂通博百家之言"。课业学习也成一件趣事，成为多彩生活的一部分，还会怕学不好吗？

博学，意味着要认识自己。雅典神庙上千百年来镌刻着一句话："人啊，认识你自己。"在茫茫人海中，明确自己的位置，明确自己的优缺点，明确自己的性格，这能让我们不盲目随波逐流，误入歧途。在获得极大的成就时，平常对待甚至加倍恭谦，坚持自己的好习惯；在遭受到重大的打击时，不就此沉沦而自怨自艾，改正过失，继续前行。认识自己，帮助我们拥有一个良好的心态，这让我们的学习生活都能有条不紊地推进。

博学，更要勇敢。敢于承认错误，敢于直面缺点，不逃避现实。人是个富于感情、脆弱、智慧的动物，从知道用树叶做成衣服的那一刻起，就学会了去极力美化自己的优点，以便更好地去掩饰缺点。可是骗人久了，自己都会相信。苏格拉底说过："认识自己的无知便是最大的智慧。"我们正处于求学阶段，失败和错误是常有的，我们不必遮遮掩掩、怕人笑话，面对它，解决它，跨越它，战胜它，之后便不再有人嘲笑你曾经的过错。我们于是又有所进步。而且我们更要敢于质疑敢于发问。清代刘开在《问说》中有云："非学无以致疑，非问无以广识。"我们要有质疑精神和批判思维，提高思考的质量，基于自己独到的见解对问题提出建设性意见。对了，我们了解知识，获取自信；错了，我们依然获得锻炼和教训。我们在思考过程中，也巩固了知识，推动了学习进程。

博学，要培育真善美的人生态度。在走向博学的过程中，我们潜移默化地改变了自己的灵魂：当我们看到腊月飞雪覆卷寒梅，我们会赞叹它的坚韧美丽，向往这份挺拔的身躯，从内心升起一份敬重；当我们面对一项任务时，我们不会推脱责任，即使再苦再累也会咬牙坚持下去，把压力吞进内心；当我们在捡拾到别人遗失的巨额现金时，我们不会占为己有、溜之大吉，而是等在原地盼望失主归来，分毫不差地交还给他……在走向博学的途中，我们明白了事理，明辨是非，知道对错，恪守行为规范；我们变得浪漫文艺，会发现身边处处值得观赏的美丽；我们变得谦逊自信，不再炫耀成绩来获得价值感；我们变得坚强勇敢，哪怕再高耸陡峭的山峰我们也决心攀越；我们变得温文尔雅，一举一动都十分得体，言语间透露着温柔知性；我们完善了自己的思维，对事物有独到见解，不再人云亦云，随波逐流……

从无知到博学，是我们在不断改正自己的错误，吸纳新知识、探索新知识中得来的。我们掌握知识，灵活应用在实践中，帮助我们更好地生活，锻炼自己的精神意志，培养不同的思维方式，做复合型人才，提升快乐的系数，成为人生的赢家。

二、学习使人从愚昧走向智慧

中华文明得以传承，靠的是一代又一代中华儿女在学习中传承和不断创新，这种传承和创新推动着中华文明的进一步发展。一个人如果不学习，没有知识与本领，在人类社会高速发展的今天，他会表现得很愚昧，甚至是无能为力。只有不断地学习，努力开发自身的潜能，提升智慧，才能更快乐地工作与生活。

（1）努力学习自然科学。自然科学是人类对自然规律的认识和总结，它给人以理性和智慧，帮助人们告别愚昧，摆脱迷信，走向文明。普及科学知识，树立科学思想，弘扬科学精神，掌握科学方法，依靠科学发展，我们的社会将更加文明进步，我们的国家将更加繁荣富强。随着知识的积累，人类利用自然、改造自然的能力越来越强，科学的光芒照耀着我们前进的方向。随着科学越来越广泛而深入地渗透到人们的工作、生产、生活和思维等各方面，科技水平成为国家综合实力和文明程度的主要标志。科学技术是第一生产力，是经济和社会发展的决定性因素。十九大报告指出，"在本世纪中叶把我国建成富强民主文明和谐美丽的社会主义现代化强国"，要实现伟大复兴的中国梦，必须告别愚昧，大力提高全民族的科学文化素质。科学技术被亿万人民群众所掌握，有了智慧的头脑，有了科技创新的能力，就能更好地利用和开发自然，推动社会文明进步。现代科学的发展史，也不过几百年的时间，但它从根本上改变了人类的生活，使人类的发展史跃上了一个新的台阶。科学的真理在我们心中，它引导着我们走向文明并带领着人类迎来新的文明曙光！

（2）努力学习人文知识。人文知识能剥除心灵中的障碍，使人的心胸变得空旷，使人心灵优雅。行为的优雅是表面的优雅，真正的优雅是灵魂的优雅，优雅的生命源于优雅的灵魂，优雅的灵魂源于优雅的书籍。多读人文书的人，情怀开阔，境界高远，心无挂碍，思无羁绊，心态平和。俗话说，腹有诗书气自华。多读书的人，谈吐风趣，举止得体，情趣高雅，自有生活的品位。读人文书是与高尚的灵魂沟通，与优雅的品德对话，读书不仅是高雅的休闲，倘若细细品味的话，还可以让思想有一点余香，情绪有一点缱绻，当然，灵魂也就在阅读中逐渐变得高尚优雅了起来，使心灵更纯洁、更美丽。

三、学习使人从感性走向理性

学习使我们不断地丰富自己的知识储备，提高自身的综合分析能力，能更加客观理性地看待身边的人和事，并能透过现象看到事物本质，而不是只看到表象。一个不爱学习的人，在自身修养上会有欠缺，容易冲动，人在冲动的时候容易做傻事、出问题，给人生带来不幸。一个爱学习的人，往往是一个理性的人，他能更好地认识规律，少走弯路，提升效率，带来成就，也给人生增添许多欢乐。

感性认识是认识的低级阶段，包括感觉、知觉、表象三种形式，具有直接性和具体性的特点。理性认识是认识的高级阶段，包括概念、判断、推理以及假说和理论等形式，具有间接性和抽象性的特点。感性认识是认识主体通过感觉器官在与对象发生实际的接触后产生的，它与认识对象之间的联系是直接的，具有直接性。理性认识是认识主体通过抽象思维对感性材料进行加工制作而获得的，它与认识对象的联系是间接的，具有间接性。感性认识通过感觉器官与认识对象接触，形成关于对象的生动的、直接的形象，它以具体形象的方式反映对象，具有形象性。理性认识是通过抽象思维，从现象中揭示出本质，从偶然性中揭示出必然性，它以抽象的方式反映对象，具有抽象性。感性认识反映的是事物的具体特性、表面性和外部联系。理性认识反映的是事物的本质、内在联系和规律。正因为两者有质的不同，所以，从感性认识上升到理性认识，是认识过程中的一次飞跃。

由感性认识上升到理性认识，必须具备一定的条件。第一，必须掌握丰富而又真实的材料。事物的本质和规律隐藏在感性材料的背后，如果感性材料残缺不全，或者缺乏真实性，就不能通过它获得对事物本质和规律的认识。第二，必须充分发挥主体的能动性，运用主体的认知结构和科学的思维方法对感性材料进行去粗取精、去伪存真、由此及彼、由表及里的选择和加工，才能达到对客观事物本质的认识。

通过不断地学习，有丰厚的知识功底，有科学分析与认识世界的能力，有自身独特的思考与判断能力，有透过外在现象看到本质的能力，就能从感性认识走向理性认识，处理问题会冷静沉着、灵活自如、科学解决。

四、学习使穷人变富，使富人变强

学习能改变人的命运，有许多家境相对贫困的孩子，通过坚持不懈的刻苦钻研和顽强拼搏，上了大学，有了好的工作，或者走上创业之路。他们不仅摆脱了贫穷，还让家人过上了富裕生活。物质的富有者，并不一定是强大的人，只有精神富有，才可能成为强大的人。一个人，只有不断地学习，不断地吸收人类文明的优秀成果，才能更好地回报社会，成为一个强大的人。学习不仅能创造物质财富，更能创造精神文明，实现人生的价值，并使我们感到快乐和幸福。

教育是最有效的投资。对很多贫穷者来说，他们的命运是和受教育程度密切相关的。受到相应的教育，思想上富有了，他们会自己想办法脱离贫穷。

有丰厚知识的人，才会有长远的目标。他们走一步看十步，有一个切实可行的目标，并尽自己最大的努力去实现，天天坚持着做，三年、五年后，积累成一个大大的成果。

有丰厚知识的人，做任何事情都做好充分准备。他们善用脑袋，避其锋，凡事 100% 准备，做任何事、见任何人之前，都要做足充分的准备，包括心态、精力、资料、知识等。

有丰厚知识的人，善于经营自己的长处。他们会发现自己的优势，也知道自己的问题，能包容别人的问题，酷爱自己的工作，经营自己的长处，证明自己的能力，并且在工作中享受快乐。

有丰厚知识的人，善于在过程中找机会。他们不会遇事总问别人，总被任务撵着走，遇事总会按轻重缓急、时间顺序列一个重要任务清单，并在计划的时间内去完成。他们善于把握趋势，雷厉风行，在过程中找机会，因而获得更好发展。

有丰厚知识的人，永不服输、永不放弃。他们注重效率与质量，不在乎做多少，更在乎提升自己的效率，做有意义、有价值的事。他们稳扎稳打，追求卓越，简单的事重复做，重复的事开心做，养成做事有条理、专注、坚持的好习惯，成为最后的赢家。他们知难而进，遇到挫折，接受现实找原因，查方法，永不放弃。

有丰厚知识的人，自信而富有激情。自信才可能有正确的决定，才能攻无不克、战无不胜、创造奇迹。李嘉诚在谈到他的经营秘诀时说："其实也没什么特别的，光景好时，决不过分乐观；光景不好时，也不过度悲观。"其实这就是一种自信。他们工作中永葆激情，迸发感染力，精神抖擞。

有丰厚知识的人，有更好的人文素养与人际关系。他们讲究荣辱不惊，温柔敦厚，谦虚谨慎，讲诚信，负责任，有涵养才能树大根深。不纯粹放任自己仅以个人喜好交朋友，他们愿意与各方面有才华的人打交道，于是就拥有了更宽广、更具层次的人际关系，在社会的发展中也容易找到更多发展平台。

丰厚的知识源自持续不断地学习，拥有丰厚的知识，就会有更多创造财富的本领，也才能真正走向思想的强大、内心的充盈。今天每个人的富与强，不仅仅指个人拥有多少财富，更是表现为个人为这个社会贡献了多少财富，创造了多少价值。

五、学习使人开阔眼界、登高望远

大量的阅读与思考，经常的学习与反思，能不断拓展人的知识面与思维空间，使人眼界开阔，让人站得更高，看得更远。一个人的学习史就是一个人的精神成长史，我们要努力做一个终身学习者，为人生的快乐奠基。

一个人站位太低，导致视野受限，有可能看不到全局、认不清大势，甚至还会养成"各人自扫门前雪"的狭隘思维定势；反之，登高望远者因眼界宽、视野阔，很容易拨云见日、冲破迷雾，达到更高的人生境界。

在人生这条路上，格局直接决定未来的高度。关于方向、努力、技巧，我们都可以通过平时的积累获得，而唯有格局，只有通过读书才能最高效地提升。读书是对自己的一种投资，是提升眼界和人格的最佳捷径。

学习是一种充实人生的艺术。书本是人生最大的财富。犹太人让孩子们亲吻涂有蜂蜜的书本，是为了让他们记住：书本是甜的，要让甜蜜充满人生就要读书。读书是一本人生最难得的存折，一点一滴地积累，我们会发现自己是世界上最富有的人。

腹有诗书气自华，这是一个连小学生都懂的道理。喜爱读书、喜爱学习的人，气质会由内而外地散发出来。爱读书、爱学习的人会有时光都带不走的美丽，因为他登上了人生新的高度，登高望远，海阔天空，无比灿烂，快乐幸福也会洋溢在脸上。

六、学习使人感受到知识的魅力与神奇

现代社会，知识爆炸性增长，自然的神奇，人类文明的伟大，都值得我们去学习探究。为何航天员可以遨游太空？为何"蛟龙"号下潜深度可达七千多米？我国为何在改革开放的四十多年中创造了世界经济的奇迹？计算机为何运算能力那么强大？……我们只有不断地学习，才能更好地感受知识的魅力与神奇。在这个过程中，我们不仅能提高认识世界与改造世界的能力，同时也能体验快乐与幸福。可爱的孩子们、教育界的朋友们，让我们一起发奋学习，练就本领，提升智慧，为实现中华民族伟大复兴的中国梦而不懈奋斗！

学习让人走向高贵。高贵是一种不随波逐流的精神风范，是从世俗的喧嚣中走向洁净的人格追求和人生态度。保持高贵，是一种自尊、自爱、自重和自信。海恩·泽曼告诫我们："当你周围的人们通过种种欺诈和各种不诚实的行为而暴富的时候，当其他人摇尾乞怜向上爬的时候，你要保持自己的

清白和尊严，不要同流合污；当有的人靠溜须拍马换来一个又一个'成功'的时候，你要保持内心的宁静，不要因为他人成就而痛苦；当你看到有些人为了名利像狗一样爬行的时候，你要顶住世俗的压力，敢于特立独行，出淤泥而不染。"

学习让人快乐生活。教师是快乐的，关键在于我们也要能够发现这种快乐。当我们追求魅力课堂，点燃自己的激情，与学生一起探索科学与文明奥秘的时候，我们不正处在快乐之中吗？当我们博览群书，享受着精神上的满足的时候，我们不正处在快乐之中吗？当我们带着研究和反思的理性，与同事们一起探讨教育规律的时候，我们不正处于快乐之中吗？在改变学生的同时，也在改变着我们自己，让我们变得儒雅，变得高贵，我们不觉得自己处在快乐之中吗？让教师的快乐带来快乐的教育，让快乐的教育带给孩子快乐的学习，让快乐的学习留给孩子最美好的童年，不正是教师内心的快乐吗？

学习让人变得儒雅。当我们走进人群，走进社会，我们严肃认真的为人处世态度，庄重得体的外表，稳重大方的举止，温文尔雅的谈吐，自信乐观的气质，会让周围的人对我们刮目相看。这就是一种儒雅之风。这样的老师在课堂上，一举一动，让学生信服，让学生欣赏，更让学生肃然起敬。因为这样的老师严而不厉，威而不怒，自然利于学生上进。

学习增长人的智慧。智慧来自于学习。学习是教师维持其职业生命连续性的重要手段，是教师实现其职业生命价值升华的重要通道。教师的学习必须是连续性的学习（即终身学习）和自觉学习。智慧来自于实践。如果说学习是一个人成为智慧型老师的前提，那么教育教学实践则是教师获取智慧的必要载体和重要通道。离开了教育教学及其管理实践，教师的发展与智慧就成了无源之水、无本之木。智慧来自于反思。通过反思，即连续的自我追问、自我剖析、自我肯定或否定，实现自我提升、自我超越和自我飞跃。有人说：读书足以怡情，足以博彩，足以长才。因为书中有着广阔的世界，书中有着永世不朽的智者的精神。读书无疑是提升人的底蕴最好的也最便捷的办法。或者说，人的底蕴是靠阅读累积起来的。

学习是如此的有价值、有意义、有魅力，人的每一步发展、每一次成就，科技的每一次发现、每一次突破，人类社会的每一次进步、每一次跨越，都是不断学习、不断探索、不断创新的结果。每一个人唯有不断学习、不断思考、不断探索，才能丰厚自我，强大自我，快乐自我。每一位中华儿女，唯有不断学习、勤奋学习、创新学习，中华民族才能走向全面强大，广大中国人民也才能真正快乐工作，诗意生活。

教育要教会孩子学会快乐，体验快乐。学校教育要敬重每一个儿童个体的生命存在价值，要敬重每一个儿童个体的成长体验。教育不仅仅是为儿童未来幸福奠基，更重要的是为儿童当下的快乐生活提供创造性的服务。值得一提的是，在"成功"教育的话语体系中，我们几乎全都选择了"今天痛苦"的教育方式。"十年寒窗苦读，待你一举成名时"；"吃得苦中苦，方为人上人"；"学海无涯苦作舟"；"梅花香自苦寒来"……于是学生苦学，教师苦教，校长苦管，显然，这样的教育必须改变。叶澜老师说："教师是一种使人类和自己都会变得更加美好的职业。教师以其创造性的劳动去实现自己的生命价值，并在创造性的劳动中，享受因过程本身而带来的自身生命力焕发的欢乐。"孔子说"知之者不如好之者，好之者不如乐之者"，程颢、程颐则说"学至于乐则成矣"。在教育过程中，人的精神快乐很重要的一个方面是智力活动的快乐，而智力活动的主要因素是神圣的好奇心和独立思考的能力。现在不少学生厌学，关键是体验不到学校生活的快乐和学习过程的快乐。在快乐中学习，享受学习过程的快乐，要成为今天教育的一种坚定理念，一种坚实的改革创新行动。